HEINZ SCHMITT
GEISSBOCK, WEIN UND STAATSBESUCHE

HEINZ SCHMITT

GEISSBOCK, WEIN UND STAATSBESUCHE

Deidesheim in den letzten 150 Jahren

Herausgeber: Die Stadt Deidesheim
mit Unterstützung der Frank-Leyden-Stiftung
und der Stadtwerke Deidesheim

▼P◖ Verlag Pfälzer Kunst · Dr. Hans Blinn · Landau in der Pfalz

Herausgeber: Die Stadt Deidesheim
mit Unterstützung der Frank-Leyden-Stiftung und der Stadtwerke Deidesheim

„Verlag Pfälzer Kunst" Dr. Hans Blinn, Landau i. d. Pf. 2000

© Dr. Heinz Schmitt

Umschlagbild: Adolf Kessler (1890–1974)
„Deidesheimer Geißbockversteigerung"; 1939/40, Öl 160 x 240 cm

Satzherstellung: Claus Hölzer, Hagenbach

Lithos: Gräber Reprotechnik, Neustadt/Weinstraße

Druck: KOMET Druck- und Verlagshaus GmbH, Pirmasens

Buchbinderei: J. Schäffer GmbH & Co KG, Grünstadt

ISBN: 3-922 580-82-3

Inhalt

Geleitwort von Bürgermeister Stefan Gillich	7
Vorwort	9
Deidesheim im 19. und 20. Jahrhundert	11
Gutsbesitzer und Winzer	35
Gemeinwohl und Bürgersinn	41
Politik aus Deidesheim	53
Deidesheim baut	57
Ortsverschönerung und Fremdenverkehr	67
Hoher Besuch	79
Geißbock, Weinkerwe und Herbstschluß	93
Vereinsleben	101
Die Anfänge	101
Von der Revolution 1848/49 bis zur Reichsgründung	105
Im Kaiserreich bis zum Ersten Weltkrieg	110
Vom Ersten Weltkrieg bis 1933	117
Die Vereine im „Dritten Reich"	123
Das Vereinsleben nach dem Zweiten Weltkrieg	128
Lebendiges Deidesheim	143
Anmerkungen	145

Geleitwort

Dieser Band zeigt mit Texten und Bildern die Vielfalt des Lebens unserer geschichtsbewußten, rührigen Kleinstadt, deren geschichtliche Entwicklung reich an Höhen und Tiefen gewesen ist.

Das Wissen um das Erbe der Vergangenheit gibt uns die Grundlage dafür, die Probleme und Herausforderungen von heute und morgen anzugehen. Aus historischem Bewußtsein zu handeln, heißt nicht ein ewig Gestriger zu sein, sondern es bedeutet, bereichert durch den Erfahrungsschatz vieler Generationen sich den Fragen der Gegenwart und der Zukunft zu stellen. Tradition und Fortschritt, Kontinuität und Neubeginn bieten einen Spannungsbogen, der die Stadtgeschichte bestimmt.

Es gilt das überkommene Erbe auf seine Tragfähigkeit zu prüfen und uns geistig mit ihm auseinanderzusetzen. Das heißt, Wahrung des Überkommenen dort, wo es unverzichtbar ist und mutige Schritte nach vorne dort, wo sie notwendig sind.

Diese Devise könnte lebendige Impulse für weiteres, gemeinsames bürgerschaftliches Bewußtsein und Zusammengehörigkeitsgefühl vermitteln, das die Bürger Deidesheims stets ausgezeichnet und zu großen Leistungen befähigt hat.

Die Geschichte einer Gemeinde, einer Stadt, ist zu allen Zeiten, die Geschichte ihrer Bürgerinnen und Bürger. Es bleibt die Aufgabe der Verantwortlichen, darauf zu achten, daß der Bürgersinn erhalten bleibt und stets gefördert wird.

Bereits bei der Entstehung des Jubiläumsbandes im Jahre 1995 war klar, daß die letzten 150 Jahre der Stadtgeschichte dichter und populärer behandelt werden sollten, um die Vielfalt der Organisationen und Vereine sowie das Wissen der noch lebenden Zeugen in das Werk einbeziehen zu können.

Es hat sich gezeigt, daß es richtig war, als Autor einen Mann zu beauftragen, der bereits beim Jubiläumsband die Volkskunde von Deidesheim zutreffend und anschaulich behandelt hat. Herr Dr. Heinz Schmitt hat mit Fleiß und Sorgfalt des Fachmannes das vorliegende Werk zusammengestellt, das den Anforderungen voll und ganz gerecht wird. Ihm gilt mein herzlicher Dank. Ein Dankeschön auch an Herrn Dr. Hans Blinn für die unkomplizierte verlegerische Leistung. Ebenso bedanke ich mich bei der Frank-Leyden-Stiftung und den Stadtwerken Deidesheim für die großartige finanzielle Unterstützung, ohne die das Werk kaum zu realisieren gewesen wäre.

Aus diesem Band, wie beim Jubiläumswerk wird die Kraft der heimatverbundenen und weltoffenen kleinen Stadt deutlich erkennbar. Die Entwicklung unserer Stadt bis heute erlaubt einen zuversichtlichen Blick in die Zukunft. Auf dem Weg in eine erhoffte friedliche Zeit bietet der gelungene Band Rückbesinnung und Anregung zugleich, aus der Vergangenheit zu lernen und sich der Zukunft zu stellen.

Die Bürger von Deidesheim sind nie die Menschlichkeit und die Liebenswürdigkeit schuldig geblieben, die ein Gemeinwesen auszeichnet. Ihnen, den Bürgerinnen und Bürgern unserer Stadt, ist das vorliegende Werk gewidmet.

Deidesheim, an Martini 2000　　　　　　　　　　　　　　　Stefan Gillich
　　　　　　　　　　　　　　　　　　　　　　　　　　　　Der Bürgermeister

Vorwort

Deidesheim ist etwas Besonderes. Das spürt man schon beim Gang durch das Städtchen, erst recht aber, wenn man sich ausführlicher damit beschäftigt. Es ist darum auch nicht verwunderlich, daß schon viel über Deidesheim geschrieben wurde, und das nicht erst von den Turmschreibern, sondern davor schon von Historikern, Geographen, Kunsthistorikern, Wirtschaftswissenschaftlern, Politikern, Heimatkundlern, Weinsachverständigen und von vielen Journalisten.

Zum 600-jährigen Jubiläum der Stadtrechtsverleihung an Deidesheim erschien 1995 der Band „Deidesheim – Beiträge zu Geschichte und Kultur einer Stadt im Weinland". Dieses von Bürgermeister Stefan Gillich veranlaßte und von Kurt Andermann und Berthold Schnabel herausgegebene Werk vereint eine Anzahl von Arbeiten kompetenter Autoren zu vielen Aspekten der Kultur und Natur Deidesheims. Die Stadt kann sich damit würdig repräsentieren.
Es war der Wunsch von Bürgermeister Gillich, die letzten 150 Jahre der Stadtgeschichte etwas ausführlicher, vielleicht auch etwas populärer behandelt zu sehen. Insbesondere sollte das Vereinsleben die ihm zukommende Darstellung finden.

150 Jahre sind ein überschaubarer Zeitraum. Da kann noch Familienüberlieferung oder Vereinstradition nachwirken. Zu einem solchen Zeitabschnitt läßt sich leichter eine persönliche Hinwendung herstellen als zu weiter zurückliegenden. Da weiß man noch manches von Eltern, Großeltern oder aus eigenem Erleben.

Die Zeit seit der Revolution von 1848/49 war für das äußere Erscheinungsbild der Stadt Deidesheim, aber vielleicht mehr noch für ihre innere Verfassung und die Ausbildung einer bestimmten Mentalität von entscheidender Bedeutung. Die Anfänge des Qualitätsweinbaus gingen mit der Entstehung einer bürgerlichen Oberschicht einher. Deren politische, wirtschaftliche und soziale Aktivitäten entfalteten sich in der zweiten Hälfte des 19. Jahrhunderts. Diese Epoche ist auch das Zeitalter der Vereine.

Die neuere Geschichte Deidesheims ist weithin Sozialgeschichte. Sie schlägt einen großen Bogen von der aristokratisch bestimmten Klassengesellschaft zum heutigen demokratischen Gemeinwesen.

Dieser spannenden Geschichte bin ich nachgegangen. Dabei beginne ich mit einem Übersichtskapitel und behandle dann eine Reihe mir wichtig erscheinender Aspekte der Stadtgeschichte, am ausführlichsten die Geschichte der Vereine, die ja für das kulturelle, sportliche und gesellige Leben eine entscheidende Rolle spielen.

Was an anderer Stelle schon nachgelesen werden kann, wird entweder gar nicht aufgegriffen oder nur kurz behandelt. Die Anmerkungen am Schluß des Buches geben dazu Literaturhinweise. Die so entstandene Stadtgeschichte der letzten 150 Jahre bringt dafür viel bisher wenig oder gar nicht Bekanntes ans Licht.

Die Suche nach Materialien mußte natürlich im Stadtarchiv Deidesheim beginnen. Dieses war während meiner Recherchen noch relativ ungeordnet in einem Schulraum untergebracht. Es fehlen daher in meinen Quellenangaben die Signaturen und oft auch die Angabe von Betreffen. Inzwischen hat das Pfälzische Landesarchiv Speyer die Bestände der Stadt Deidesheim neu geordnet und verzeichnet. Weiter wurden von mir das Pfarrarchiv Deidesheim und die einschlägigen Abteilungen des Diözesanarchivs Speyer benutzt. Viele Deidesheimer Vereine konnten mir ihre historischen Unterlagen zur Verfügung stellen oder auf andere Weise helfen. Auch eine Reihe von Privatpersonen unterstützten meine Arbeit mit Auskünften oder mit der Überlassung von Dokumenten. Der größte Teil der Abbildungen entstammt dem Stadtarchiv, weitere dem Bestand der Raiffeisenbank Mittelhaardt, der Rest aus Vereins- oder Privatbesitz.

Bei all denen, die mir auf irgendeine Weise behilflich waren, möchte ich mich herzlich bedanken, vor allem bei den Vorsitzenden und Mitgliedern der Deidesheimer Vereine, die ich unmöglich alle nennen kann.

Zu besonderem Dank verpflichtet bin ich Karin Doll, Karl-Heinz Forler, Werner Leim, Lothar Thiel und Stadtpfarrer Walter Stephan.

Eine unschätzbare Hilfe in jeder Beziehung war mir Berthold Schnabel, der jederzeit bereit war, mir mit seinen umfassenden historischen Kenntnissen, aber auch mit seiner genauen Orts- und Personenkenntnis beizuspringen. Ihm verdanke ich viel.

Schließlich bedanke ich mich ganz herzlich beim Initiator des Werkes. Bürgermeister Stefan Gillich regte das Buch an, verfolgte seine Entstehung mit großem Interesse, besorgte Unterlagen und gab viele Auskünfte. Ohne ihn gäbe es dieses Buch nicht.

Heinz Schmitt

Deidesheim im 19. und 20. Jahrhundert

Die Zeit zwischen dem Wiener Kongreß 1815 und der Revolution von 1848 wird in Deutschland häufig durch zwei Schlagworte charakterisiert: Biedermeier und Vormärz. Mit dem Begriff Biedermeier verbindet sich die Vorstellung von Idylle, Beschaulichkeit, Vergangenheitsbezogenheit, Häuslichkeit und stillem Glück. Vormärz hingegen bezieht sich auf den Ausbruch der ersten revolutionären Unruhen im März 1848 und sieht den Zeitabschnitt davor gewissermaßen als Hinführung zur Revolution. Man darf nicht übersehen, daß dieser Zeitabschnitt eine ungeheuer dynamische Epoche war, die vielerlei Umbrüche und Aufbrüche mit sich brachte, die bis in unsere Zeit hinein weiterwirken. Das gilt nicht nur für die politische Entwicklung, sondern auch für die wirtschaftliche, technische und soziale.

Am 26. Mai 1818 hatte Bayern als einer der ersten deutschen Bundesstaaten eine Verfassung bekommen. Diese galt zwar auch für „Rheinbayern", wie damals das erst zwanzig Jahre später in „Pfalz" umbenannte linksrheinische bayerische Territorium hieß, doch gewährleistete die Verfassung für diesen Teil Bayerns das Fortbestehen bestimmter französischer Gesetze. So wurde der Adel nicht mehr in seine alten Besitztümer eingesetzt. Das Bürgerrecht war leicht zu erwerben. Es gab die Zivilehe und Gewerbefreiheit ebenso wie öffentliche Gerichtsverfahren und andere Errungenschaften der französischen Verwaltung. Ein einheitliches Recht für ganz Deutschland wurde letztendlich erst mit dem bürgerlichen Gesetzbuch im Jahre 1900 eingeführt. Trotz vieler Vorteile, welche die Pfalz damit hatte, gab es aber auch Nachteile. So war das linksrheinische Gebiet zolltechnisch gegenüber dem bayerischen Hauptland und anderen deutschen Staaten bis zum Inkrafttreten des Deutschen Zollvereins 1834 Ausland, was vor allem die Weinausfuhr erschwerte, und in der Ersten Kammer des bayerischen Parlaments war die Pfalz wegen des fehlenden Adels kaum vertreten. Die Pfalz hatte also einen Sonderstatus, der sie in vielem vom bayerischen „Mutterland" unterschied. Eine Änderung dieses Zustandes erschien den Pfälzern nicht erstrebenswert. Sie gaben sich besonders fortschrittlich. Eine Veranstaltung wie das Hambacher Fest 1832 wäre in anderen Teilen Bayerns kaum vorstellbar gewesen. 1849 wollten viele sogar die „Unabhängigkeit der Pfalz" von Bayern.[1]

Mehrfach traten in den ersten Jahrzehnten des 19. Jahrhunderts katastrophale Hungersnöte auf, besonders schlimm 1816/17 und 1846/47. Die letztere machte Teile der Bevölkerung zu Anhängern der Revolution. Ansonsten förderten solche Krisen die Auswanderung, insbesondere nach Nordamerika. Schon in den Jahren 1816 bis 1833 wanderten 2% der pfälzischen Bevölkerung dorthin aus,[2] obwohl die Auswanderung aus Bayern eigentlich verboten

Gesamtansicht von Deidesheim von Osten um 1905, im Mittelpunkt die katho-

war und erst durch den Freizügigkeitsvertrag vom 3. September 1845 zwischen den Vereinigten Staaten und Bayern offiziell ermöglicht wurde. Nach der Revolution sank die Einwohnerzahl der Pfalz von 615 005 im Jahre 1849 auf 587 334 im Jahre 1856 ab.[3]

Die erste Hälfte des 19. Jahrhunderts ist auch gekennzeichnet durch die rasch voranschreitende Industrialisierung und eine Reihe technischer Neuerungen, die das Leben nachhaltig veränderten. Erinnert sei an die Eisenbahn, deren erste Strecke in Deutschland 1835 eröffnet wurde, oder an das Dampfschiff. Erwähnen könnte man auch die Einführung der Gasbeleuchtung, der Photographie oder des Kunstdüngers, um nur einige Beispiele herauszugreifen.

Von enormer gesellschaftlicher Bedeutung war die Entwicklung des Vereinswesens, das zunächst in der Oberschicht der Städte seinen Anfang nahm, in den vierziger Jahren einen ersten Höhepunkt erreichte und nach einem durch die Revolution von 1848/49 bedingten Rückgang in den letzten vier Jahrzehnten des 19. Jahrhunderts einen mächtigen Aufschwung erlebte, der auch die letzten Landorte einbezog.

lische Stadtpfarrkirche, rechts davon das Schloß, ganz rechts der Winzerverein

Deidesheim hatte im Jahr der pfälzischen Revolution 1849 2729 Einwohner. Diese Zahl verringerte sich infolge verstärkter Auswanderung nach Nordamerika bis auf den Tiefstand des Jahres 1861 mit 2520 Einwohnern. Allerdings waren auch in den 1830-er Jahren wegen vieler Mißernten schon um die 300 Personen nach Amerika übersiedelt. In den folgenden Jahrzehnten bewegte sich die Einwohnerzahl zwischen 2700 und 2800, um nach 1900 erneut abzusinken. 1917 hatte Deidesheim nur noch 2180 Einwohner. Das waren weniger als im Jahr 1823. Wir haben es also mit einem relativ kleinen Gemeinwesen zu tun, das erst nach dem Zweiten Weltkrieg seine Einwohnerzahl auf heute rund 4100 steigern konnte.[4] Trotz des Zusammenschlusses zu einer Verbandsgemeinde mit Forst, Niederkirchen, Ruppertsberg und Meckenheim im Jahre 1972 blieb Deidesheim überschaubar. Die historische Bedeutung des Städtchens ist nicht abhängig von seiner Einwohnerzahl. Sie beruht auf den Pionierleistungen, die Deidesheim für den deutschen Qualitätsweinbau erbracht hat und den politischen Funktionen, die eine Reihe von Deidesheimern in der Landes- und Reichspolitik ausgeübt und damit vielfältige überlokale Beziehungen geknüpft haben.

Als Ursachen dafür, daß sich in Deidesheim keine nennenswerte Industrie angesiedelt hat, wie übrigens fast an der gesamten Haardt, sah Wilhelm Heinrich Riehl schon 1857 die hohen Bodenpreise und Löhne und die mangelnde Wasserkraft an.[5]

So blieb der Weinbau bestimmender Wirtschaftszweig, der in Deidesheim von den großen Weingütern beherrscht wurde, deren Besitzer auch politisch tonangebend waren. In der unruhigen Zeit 1848/49 zeigten sie durchaus Sympathie für die Ideen der Revolution. Die Gemeinde Deidesheim überwies 500 Gulden an die Zentralkasse des Landesverteidigungsausschusses, und der Bürgermeister und Weingutsbesitzer Ludwig Andreas Jordan meldete am 16. Mai 1849, daß die Ausrüstung der ein Jahr zuvor gegründeten Deidesheimer Bürgerwehr im Gange sei.[6] Bereits am 11. Mai hatte der Stadtrat beschlossen, daß er mit allen Mitteln für die von der Frankfurter Nationalversammlung verabschiedete Reichsverfassung eintreten, zugleich aber anarchistischen und terroristischen Bestrebungen entgegentreten wolle. Die Verfassung war allerdings nur von Württemberg und 28 kleineren Staaten angenommen worden, nicht aber von Bayern. Dennoch wäre die Loslösung der Pfalz von Bayern oder die Errichtung einer deutschen Republik nicht im Sinne dieses Stadtratsbeschlusses gewesen.

So gingen denn auch die maßgeblichen Deidesheimer auf eine gewisse Distanz zu der am 16. Mai 1849 in Kaiserslautern gebildeten provisorischen Regierung der Pfalz, die ständig neue finanzielle Beiträge und die Aufstellung einer Volkswehr forderte. Jordan verstand es, manches so lange hinauszuzögern, bis es sich von selbst erledigt hatte. Allerdings gab es auch in Deidesheim Leute, die mit dieser gemäßigten Haltung keineswegs einverstanden waren und dagegen angingen, ohne sich letztendlich durchsetzen zu können. So kam Deidesheim halbwegs glimpflich durch die Revolution, wenn man von der Beschlagnahme einiger Reitpferde absieht.

Dennoch brachte die folgende Zeit eine ganze Reihe von Restriktionen. So blieb beispielsweise der Turnverein verboten und konnte erst 1860 wieder gegründet werden. Auch einzelne Personen gerieten in Schwierigkeiten wie der als Freischarenführer hervorgetretene Bäcker Hugo Schmitt oder die Deidesheimer Lehrer, die mit der Revolution sympathisiert hatten. Obwohl sie Bürgermeister Jordan in Schutz nahm und dem Landkommissariat gegenüber erklärte, daß sie an umstürzlerischen Dingen nicht direkt beteiligt gewesen waren, verfügte die königliche Regierung der Pfalz in Speyer am 23. September 1849, daß alle fünf Lehrpersonen drei Jahre lang unter besondere Aufsicht zu stellen seien und „während dieser Zeit untrügliche Beweise von ihrer besseren Gesinnung abzulegen (hätten), widrigenfalls sie unfehlbar ihre Entlassung erhalten werden".[7] Nach den Aufregungen der Revolution und den restriktiven Maßnahmen der Regierung beruhigte sich die Situation einigermaßen.

Zehn Jahre nach dem Ende der Revolution gedachte man in ganz Deutschland des hundertsten Geburtstages von Friedrich Schiller in einer großen Zahl von Feiern. Das tat man auch in Deidesheim und pflanzte eine Linde im Mühltal, neben der man einen Gedenkstein aufstellte, der heute noch vorhanden ist.

Eine Frage, die nach der Mitte des 19. Jahrhunderts immer drängender wurde, war die nach einem Anschluß an das Eisenbahnnetz. 1860 beantragte ein Lokalkomitee den Bau einer Bahnlinie von Neustadt über Dürkheim nach Frankenthal. Aus Deidesheim gehörte dem Komitee Ludwig Andreas Jordan an. Nach einigem Hin und Her konstituierte sich am 22. Oktober 1862 die Neustadt-Dürkheimer Eisenbahn als Aktiengesellschaft. In Deidesheim wurde zum Bau der Strecke ein Sektionsbüro eingerichtet. Die Streckenplanung erwies sich als recht schwierig, weil auf wertvolle Weinlagen Rücksicht genommen werden mußte. Deshalb umgeht die Linie Forst in einem großen Bogen.

Am 6. Mai 1865 konnte der Bahnhof Deidesheim an der neuen Strecke Neustadt-Dürkheim mit Flaggenschmuck und Böllerschüssen unter dem Jubel der Bevölkerung eröffnet werden.

Der Deidesheimer Bahnhof im Festschmuck anläßlich des Besuches von König Ludwig III. von Bayern am 8. Mai 1913

Die weitere Eisenbahnentwicklung der Gegend ist für Deidesheim keine Erfolgsgeschichte mehr. Die seit 1890 von Ludwigshafen nach Dannstadt fahrende Lokalbahn wurde 1911 bis Meckenheim verlängert. Natürlich wäre es sinnvoll gewesen, die Bahn nach Deidesheim weiterzuführen. Doch lehnte 1905 der Gemeinderat von Deidesheim diesen Bahnanschluß, der die Stadt direkt mit Ludwigshafen verbunden hätte, ab. Auch zwei Jahre später zeigte man sich noch relativ uninteressiert. Die Weingutsbesitzer befürchteten einfach eine Abwanderung ihrer Arbeiter in die Industrie. 1908 hatte sich die Meinung in Deidesheim anscheinend geändert, doch kam der Meinungsumschwung zu spät. Auch 1911 und 1912 hatte Deidesheim mit seinen Forderungen nach Fortsetzung der Bahn keinen Erfolg. In den zwanziger Jahren gab es noch einmal Bemühungen, die so wenig zum Ziel führten wie die des Bürgermeisters Friedrich Eckel-Sellmayr im Jahre 1938.[8]

Die fünfzigjährige Zugehörigkeit der Pfalz zu Bayern wurde 1866 nicht gerade überschwenglich gefeiert. In den kriegerischen Auseinandersetzungen der Jahre 1866 und 1870/71 fühlte sich die Pfalz wegen der Nähe zu Frankreich gefährdet. Der Sieg über das Nachbarland und die Gründung des deutschen Kaiserreiches wurden aber allgemein bejubelt.

Während der Kriegszeit hatte man in Deidesheim einen „Ausschuß für die Verpflegung durchziehender deutscher Krieger" gebildet. Das Spital war als Lazarett eingerichtet. Dort starben drei preußische Soldaten. Fünf Deidesheimer sind in dem Krieg gefallen. Ihr von einem Adler bekröntes Denkmal stand noch bis in die 1960-er Jahre auf dem Friedhof.

Bei den ersten Reichstagswahlen 1871 wurden in allen pfälzischen Wahlkreisen nationalliberale Abgeordnete gewählt. Aus Deidesheim kamen Ludwig Andreas Jordan und sein Neffe Franz Armand Buhl nach Berlin.

Der um diese Zeit entbrennende Kulturkampf wirkte sich auf Deidesheim nur gedämpft aus. Doch ist zu vermerken, daß nach dem Vatikanischen Konzil von 1870 die altkatholische Bewegung anfangs gerade in der Deidesheimer politischen Klasse ihre Anhänger fand, was allerdings kein anhaltender Zustand war.

Entsprechend der historischen Zugehörigkeit zum alten Hochstift Speyer ist die Einwohnerschaft von Deidesheim mit den angrenzenden Nachbarorten Forst, Niederkirchen, Ruppertsberg und Königsbach bis heute überwiegend katholisch, während es in ehemals kurpfälzischen Orten wie Wachenheim und Meckenheim eine protestantische Bevölkerungsmehrheit gibt. Um 1787 wohnte in Deidesheim nur eine protestantische Familie mit vier Personen. Noch bis zur Mitte des 19. Jahrhunderts hatte die Zahl der Juden diejenige der Protestanten übertroffen. Um 1860 herum konnte auch der evangelische Pfarrer von Wachenheim nicht angeben, wieviele Angehörige seiner Kirche in Deidesheim lebten. 1863 ist von 38, ein Jahr später von 84 Kirchenmitgliedern

Das nach 1960 abgebaute Denkmal für die 1870/71 gefallenen Deidesheimer und die in Deidesheim gestorbenen preußischen Soldaten

die Rede. Ein vollständiges Verzeichnis der „Protestanten zu Deidesheim nach dem Stand vom 1. Dezbr. 1871" benennt 122 Personen. Es fällt auf, daß es sich dabei zu einem großen Teil um Angehörige sozial gering eingestufter Berufsgruppen wie Dienstmägde und Handwerksgesellen handelte. Außer Emil Bassermann gab es keinen Gutsbesitzer in der evangelischen Gemeinde. Winzer oder Landwirte waren nicht vertreten. Es verwundert daher um so mehr, daß es gelang, 1875 eine Scheune zu einem evangelischen Gotteshaus umzubauen. Dazu hatten allerdings auch katholische und israelitische Mitbewohner sowie evangelische Nachbargemeinden gespendet. In den folgenden Jahren befand sich die kleine Schar der Deidesheimer Protestanten verständlicherweise in großen finanziellen Nöten, erholte sich aber soweit wieder, daß man 1891 die Kirche nach Überwindung vieler Schwierigkeiten mit einem Turm versehen konnte. Das Gotteshaus blieb seitdem im wesentlichen unverändert bis zu seiner Erweiterung im Jahre 1957, die wegen des enormen Anwachsens der Gemeinde notwendig geworden war.[9]

Die 1875 erbaute evangelische Kirche mit dem Turm von 1891

Auch die kleine jüdische Gemeinde hat sich im 19. Jahrhundert ein neues Gotteshaus erbaut. Im Jahre 1817 wohnten 48 Personen jüdischen Glaubens in Deidesheim, zumeist kleine Händler. Als die Synagoge in den Jahren 1852 und 1853 erbaut wurde, war ihre Gemeinde auf 95 Seelen angewachsen. Von da an verringerte sich die Zahl der jüdischen Einwohner wie in allen Landgemeinden durch Abwanderung in die großen Städte. Die israelitische Schule wurde auf Antrag der Gemeinde wegen zu geringer Schülerzahl 1869 aufgehoben. 1926 gab es nur noch 12 Juden in Deidesheim Die Restgemeinde verkaufte ihre Synagoge 1936 an einen Privatmann, weshalb der Bau, freilich ohne seine Ausstattung, bis heute erhalten blieb.[10]

Die Deidesheimer Bevölkerung war schon im 19. Jahrhundert in sozialer, wirtschaftlicher und religiöser Hinsicht recht verschieden. Zwar glich das rege Vereinsleben manche Gegensätze aus, aber die Unterschiede zwischen der wohlhabenden Oberschicht und der eher dem Mittelstand zuzurechnenden Mehrheit der Handwerker und Kleinwinzer waren nicht in jeder Hinsicht zu überbrücken. Der größte Teil der Bevölkerung lebte in einem ländlich geprägten Milieu.

Das zeigte sich auch an einigen dafür typischen Funktionen, welche die Stadt zu vergeben hatte.[11] So gab es neben drei Waldhütern für den ausgedehnten Stadtwald auch drei Feldhüter. Der städtische Kuhhirt Valentin Werner war von 1862 bis zu seinem Tod 1899 angestellt und wurde dann von seinem Sohn Georg in dieser Position beerbt. Im Februar 1902 wurde die Stelle des Seegräbers neu ausgeschrieben. Dieser hatte Anlagen, die der Wiesenbewässerung dienten, instand zu halten.

Zwei Nachtwächter machten abwechselnd jede Nacht ihre Runde von abends 11 bis morgens 5 Uhr, im Winter eine Stunde länger. Dafür erhielt jeder im Jahr 300 Mark. In den 1920-er Jahren gab es nur noch einen Nachtwächter, der zugleich Faselwärter war. Zum 1. April 1931 wurde der Nachtwächterdienst aufgehoben. Noch etwas länger blieb die Ortsschelle in Betrieb.

Dennoch war Deidesheim in vieler Beziehung ungeheuer fortschrittlich. Schon 1873 entstand eine Reithalle, die übrigens heute noch steht, 1886 das

So stellte sich der Maler Adolf Kessler den Deidesheimer Nachtwächter vor.

erste Schwimmbad der Pfalz. Um die Jahrhundertwende gab es im Sommer Tennisplätze und im Winter eine Eisbahn.

An diesen Freizeiteinrichtungen konnten zwar nicht alle teilhaben, dafür gab es aber viele Vereinsfeste und die großen Ereignisse des Jahres wie die Geißbockversteigerung und den Katharinenmarkt im November. Längst war Deidesheim auch ein viel besuchtes Ausflugsziel. Weinbau und Fremdenverkehr waren um 1900 schon die beiden wichtigen wirtschaftlichen Standbeine der Stadt.

Die moderne Technik hielt in Deidesheim spätestens mit der Einführung des elektrischen Lichtes 1896 Einzug. Eine Wasserleitung hatte es schon erstaunlich früh, nämlich 1851 gegeben. Diese war allerdings noch nicht für die gesamte Stadt ausgelegt, so daß sie mehrfach erweitert werden mußte.

Um das Jahr 1900 hatten viele Weingutsbesitzer und Geschäftsleute, auch der Winzerverein, bereits ein Telefon.

Wenn auch in Deidesheim praktisch keine Industrie ansässig geworden war, so wurde doch 1910 eine industrielle Anlage installiert, die ins Auge fiel, die aber mit Deidesheim eigentlich nichts zu tun hatte. Vom Forster Pechsteinkopf brachte eine Drahtseilbahn das dort gebrochene Basaltgestein zum Deidesheimer Bahnhof, wo es auf Eisenbahnwaggons verladen wurde. Erst nach 1970 hat man die Anlage abgebaut.

Über 60 Jahre lang brachte die „Drohtseelbah(n)" Basaltschotter zur Bahn

In den Jahren zwischen 1871 und 1914 befand sich der Weinbau oftmals in kritischen Phasen. Der Ursachen dafür waren viele. So kamen billige Importweine aus dem Ausland, Weine wurden verfälscht oder gar Kunstwein produziert, die Arbeitslöhne verteuerten sich wegen der zunehmenden Industrialisierung, Rebkrankheiten traten verstärkt auf, um nur einiges zu nennen. Die großen Gutsbetriebe traf das weniger, weil sich deren Besitzer längst auch in der Industrie und im Bankwesen engagiert hatten. Durch ihre politische Einflußnahme im Reichstag und im bayerischen Landtag erreichten sie über die Weingesetzgebung Verbesserungen, die auch den Kleinwinzern zugute kamen. Diese halfen sich außerdem durch die Gründung des Darlehenskassenvereins (1891), der heutigen Raiffeisenbank, und des Winzervereins (1898), zu denen 1913 noch die Winzergenossenschaft hinzukam, alles erfolgreiche Einrichtungen.

Der Beginn des Ersten Weltkrieges löste zunächst eine gewisse Euphorie aus, doch trat bald Ernüchterung ein, als der Bürgermeister Dr. Ludwig Bassermann-Jordan schon am 11. August 1914 als Rittmeister im Elsaß gefallen war. Die Einführung von Lebensmittelmarken, die Abholung der Glocken zur Metallgewinnung für Kriegszwecke, die sich häufenden Todesmeldungen und Einschränkungen vieler Art ließen die Kriegsbegeisterung absinken.

In der ersten Kriegszeit wurden Siegesmeldungen noch freudig begrüßt. Die Schulverwaltung ordnete Schulfeiern an und gab unterrichtsfrei. So war es zum Beispiel beim Fall der Festung Brest-Litowsk. Der sollte am Montag, dem 30. August 1915 gefeiert werden. Der königlich bayerische Lokalschulinspektor, der damalige Deidesheimer Stadtpfarrer Andreas Kuntz vermerkte aber: „Wurde weil Montag Regentag auf Dienstag den 31. Aug. verlegt, weil da die Kinder in der Arbeit helfen können."[12]

Der Ausgang des Ersten Weltkrieges bedeutete für die Pfalz einen tiefen Einschnitt. Nach nahezu fünfzig Jahren wurde sie wieder Grenzland zu Frankreich und erhielt überdies bis 1930 eine französische Besatzung. Deren Politik war darauf angelegt, die Pfalz dem französischen Staatsverband anzunähern, doch war es für Frankreich kaum möglich, Sympathien bei der Mehrheit der Bevölkerung zu gewinnen. Dazu waren die Methoden der Besatzung nicht geeignet.

Vom 1. Dezember 1918 an rückten französische Truppen in das linksrheinische Gebiet Deutschlands ein. Auch Deidesheim erhielt eine Besatzung, die zeitweise zwischen 2500 und 3000 Mann betrug. Zu ihrer Unterbringung dienten öffentliche Gebäude, aber auch viele Privathäuser. Am 15. Dezember 1918 wurde die damals noch in Frankreich übliche westeuropäische Zeit eingeführt.[13] An den Ortsausgängen wurden Schranken angebracht. Deidesheim, wie andere Orte auch, durfte nur mit besonderer Genehmigung verlassen werden. Ausgangssperre war zwischen 21.30 und 8 Uhr. Presse- und Postzensur wurden eingeführt. Uniformierte Feuerwehrleute hatten die französischen Offiziere zu grüßen. Da Deidesheim großen Waldbesitz hat, mußte die Stadt auch viele Holzeinschläge für Frankreich hinnehmen.

Alle Anordnungen wurden zweisprachig plakatiert unter dem Kopf „Republique Francaise. Liberté – Égalité – Fraternité". Für alle Verstöße gegen die französischen Maßnahmen drohten harte Strafen.

Am 12. März 1919 ordnete die französische Militärverwaltung eine zweisprachige Beschilderung der Ortsstraßen an.

Dabei mußte die französische Benennung schwarz auf weiß in gleicher Größe über dem deutschen Schild angebracht sein. Wer die Namen in Deidesheim damals übertragen hat, ist nicht bekannt. Manches klingt recht kurios. Ein paar Beispiele seien genannt:

Bennstraße	Rue Benn
Deichelgasse	Rue de la Conduite d'eau
Elendgäßchen (Turmstraße)	Ruelle de la misère
Grottenmauergasse	Rue du grand mur
Hofstückstraße	Rue de la cour
Ringstraße	Rue de la Rotonde
Roßmühlgasse	Rue du moulin à cheveaux
Schloßstraße	Rue de la Citadelle
Stadtmauergasse	Rue du Rempart
Weingasse	Rue du Vin

Von April 1919 ab mußten französische Sprachkurse eingerichtet werden, von Juli an sogar jeden Tag. Auf alle Fälle versuchte man von französischer Seite, die Pfalz nicht nur politisch, sondern auch kulturell dem deutschen Mutterland zu entfremden.

Nach Überwindung separatistischer Bestrebungen in der Pfalz kam es 1923 in Zusammenhang mit der Besetzung des Ruhrgebiets zu massiven Schwierigkeiten. Frankreich hatte diese völkerrechtswidrig vorgenommen, weil die deutschen Reparationslieferungen ins Stocken geraten waren. Daraufhin leistete die deutsche Bevölkerung auf vielerlei Weise passiven Widerstand, was letzten Endes zu einer galoppierenden Inflation führte. Die Franzosen gingen dazu über, ihnen unliebsame Personen aus dem besetzten Gebiet auszuweisen. Insgesamt sollen es rund 21 000 gewesen sein. Wieviele davon aus Deidesheim waren, läßt sich nicht mehr feststellen. Bekannt sind aber die Namen Kannegieser und Frisch. Die beiden Mitglieder des Pfälzerwaldvereins waren gegen Ende 1923 ausgewiesen worden und wurden ein Jahr später in der Generalversammlung des Vereins als Heimgekehrte begrüßt.

Ein katastrophales Ereignis betraf Deidesheim, aber auch einige Nachbarorte am 1. August 1921, als ein Waldbrand ausbrach, der mehrere Tage und

Französischer Besatzungssoldat in einem Deidesheimer Hof 1918

Nächte wütete. 500 Einsatzkräfte waren zur Brandbekämpfung aufgeboten, darunter alle über 17 Jahre alten männlichen Einwohner von Deidesheim und Wachenheim. Erst gegen Schluß rückten 300 französische Besatzungssoldaten als Hilfstruppe an. Insgesamt wurden 300 ha Wald vernichtet, davon 130 ha auf Deidesheimer Gemarkung.

Um diese Zeit war es auch, daß der Gemeinde Niederkirchen einfiel, bei der Regierung der Pfalz einen Antrag auf Änderung ihres Ortsnamens in Niederdeidesheim zu stellen, was aber der Deidesheimer Stadtrat durch energischen Einspruch abwehrte.

In den zwanziger Jahren erreichte das deutsche Vereinsleben seinen absoluten Höhepunkt, ging aber infolge der schlechten wirtschaftlichen Lage von 1925 an allmählich wieder etwas zurück, um 1933 einen starken Knick zu erleiden. Auch die kirchlichen Vereine standen in Blüte und mit ihnen das kirchliche Leben überhaupt. In Deidesheim war dieses, trotz gelegentlicher Brüche, durchaus noch intakt, was sich beispielsweise in der Teilnahme von Stadtrat und Verwaltung an den Fronleichnamsprozessionen zeigt.[14]

1922 wünschte der Stadtrat einmütig die Begleitung des Gesanges bei der Prozession durch Bläser. Stadtpfarrer Andreas Kuntz war damit einverstanden, sofern ausschließlich katholische Bläser mitwirkten. Die Vereine, nicht nur die katholischen, sondern auch Turnverein, Militärverein, Kriegerverein, Liederkranz und Feuerwehr nahmen mit ihren Fahnen geschlossen an der Prozession teil. Hinter dem Allerheiligsten gingen Kirchenverwaltung, Stadträte und Beamte. Im Hochamt am Fronleichnamstag waren der linke Chorstuhl und die zwei vorderen Bänke auf der linken Seite für die Stadtverwaltung reserviert. Das blieb so bis 1935.

Die Kommunalpolitik wurde nach dem Ersten Weltkrieg auch in Deidesheim immer stärker durch Parteigruppierungen bestimmt. Zwar hatte es vor dem Krieg Einzelmitglieder verschiedener Parteien, aber nur den Sozialdemokratischen Verein Deidesheim und Umgebung als Ortsgruppe einer Partei gegeben. Von diesem ist aber außer dem Gründungsdatum, es war der 5. Dezember 1910, nichts bekannt. Erst 1921 stoßen wir wieder auf ihn, als er den Stadtrat um einen Zuschuß zu seiner Bibliothek bittet, was dieser aber ablehnt.

Im selben Jahr gründet sich auch eine Ortsgruppe der Kommunistischen Partei Deutschlands (KPD).

Obwohl der frühere Deidesheimer Bürgermeister Dr. Julius Siben (1894–1904) Mitbegründer und langjähriger Vorsitzender der pfälzischen Zentrumspartei und sein Sohn Dr. Arnold Siben seit 1920 Bürgermeister war und die Partei in Deidesheim eine große Anhängerschaft besaß, kam es erst 1924 zur Gründung eines Ortsvereins. 1931 hatte dieser 150 Mitglieder.

Bei den Kommunalwahlen der 1920-er Jahre traten die Parteigruppierungen in Deidesheim zumeist unter ganz anderen Namen auf und gingen häufig Verbindungen mit anderen Listen ein.[15]

Dominierende politische Kraft, gemessen an den Reichstagswahlergebnissen, blieb in Deidesheim bis 1933 das Zentrum mit jeweils absoluter Mehrheit, oft sogar mit über 60%. Die SPD, die 1919 mit 23% respektabel abschnitt, sank ständig und erreichte 1933 nur noch 7,1% der Wählerstimmen. Die KPD blieb völlig bedeutungslos. Auch andere Parteien spielten kaum eine Rolle. Die Nationalsozialistische Deutsche Arbeiterpartei (NSDAP) erhielt erstmals bei der Reichstagswahl 1924 in Deidesheim 8 Stimmen. 1933 waren es 549 oder 34,4%, gegenüber immer noch 844 oder 52,9% des Zentrums.

Das erste Mitglied der NSDAP in Deidesheim soll 1927 ein siebzehnjähriger Arbeiter gewesen sein. Mehrere Beitritte gab es nach der für die NSDAP relativ erfolgreichen Reichstagswahl von 1930. Damals begann sich die Partei unter Einschluß der Nachbarorte Forst, Niederkirchen und Ruppertsberg zu organisieren. Ortsgruppenleiter wurde Adam Durein, SA-Sturmführer Nikolaus Riesenberger. Ihre größte Veranstaltung vor 1933 hatte die Deidesheimer NSDAP in Form einer Sonnwendfeier auf dem Wallberg am 27. Juni 1931. Etwa 600 Personen aus der ganzen Umgebung sammelten sich vor der Winzergenossenschaft und zogen mit Musik und Hakenkreuzfahnen auf den Berg. Dort kamen noch weitere Teilnehmer hinzu.

Am Anfang des Jahres 1933 hatte die NSDAP in Deidesheim selbst nur 17 Mitglieder. Dennoch erschien am 15. März 1933 eine große Menschenmenge vor dem Haus des Bürgermeisters Dr. Arnold Siben, um seinen Rücktritt zu fordern, worin dieser unter dem Druck der Verhältnisse einwilligte.

Am 21. März 1933 wurde der aus alter Deidesheimer Familie stammende Weinhändler und Stadtrat Friedrich Eckel-Sellmayr zum kommissarischen Bürgermeister bestimmt, obwohl er nicht Mitglied der NSDAP war. Erst am 1. Mai trat er der Partei bei. In der Stadtratsitzung vom 27. April 1933 war nach turbulenter Debatte und nach Stimmengleichstand Eckel-Sellmayr durch Losentscheid als Bürgermeister bestätigt worden. Adam Kraft wurde zum zweiten Bürgermeister bestimmt. In der selben Sitzung benannte der Stadtrat den Platz am Burggraben in Hindenburgplatz und die Bahnhofstraße in Adolf Hitler-Straße um. Hindenburg und Hitler wurde gleichzeitig das Ehrenbürgerrecht der Stadt Deidesheim verliehen.[16] Später gab es weitere Umbenennungen von Straßen. Die Feigengasse wurde zur Schlageter-, die Hauptstraße zur Josef Bürckel-Straße.

In der Folge waren Stadtrat und Ausschüsse völlig von Mitgliedern der NSDAP und ihren Unterorganisationen beherrscht.

Die Beziehungen zwischen Kirche und Stadt blieben auch im „Dritten Reich" erträglich. Interessant ist, daß Gauleiter Josef Bürckel 1934 die Bürgermeister ausdrücklich ersuchte, im Benehmen mit den örtlichen Parteiorganisationen dafür zu sorgen, „daß Fronleichnamsprozessionen ungestört vonstatten gehen".[17] Katholische Jugendorganisationen durften allerdings nicht in Uniformen und mit Fahnen erscheinen. Stadtrat und Beamte nahmen nicht mehr offiziell an den Prozessionen teil, doch wurde ihnen private Beteiligung freigestellt. Selbst in den ersten Kriegsjahren waren Fronleichnams- und Bittprozessionen noch zugelassen. Es durften aber keine Kirchenfahnen, sondern nur die Reichsflagge gezeigt werden. 1942 durften nach polizeilicher Anordnung keine Maien oder Tannengrün verwendet werden. Das Streuen von Gras war verboten, weil es „den Grundsätzen der landwirtschaftlichen Erzeugungsschlacht" widersprach.

War der NS-Gauleiter in diesen Dingen relativ liberal, so zeigte sich seine Kirchenfeindlichkeit im Zusammenhang mit der Einführung der überkonfessionellen Gemeinschaftsschule im Jahr 1937. Zwar war der Fortbestand konfessioneller Schulen durch das Konkordat von 1933 garantiert worden, doch tat man alles, sie abzuschaffen. In Deidesheim brachte eine Abstimmung der

Eltern am 20. März 1937 nach massiver Propagandaeinwirkung eine überwältigende Mehrheit von 97% für die Gemeinschaftsschule. Damit war die Sache für Deidesheim noch nicht ganz erledigt, denn in einer Rede vor Lehrern am 19. März 1937 hatte der Gauleiter, selbst gewesener Volksschullehrer, den Speyerer Bischof Dr. Ludwig Sebastian heftig angegriffen.[18] Der Deidesheimer Dekan und Stadtpfarrer Josef Schröder gab daraufhin als ältester im Namen aller Dekane der Diözese eine Erklärung ab, die ihm wegen Beleidigung des Gauleiters ein Gerichtsverfahren und eine Geldstrafe von 200 RM einbrachte. Das goldene Priesterjubiläum des Bischofs am 15. August 1937 sollte durch einen Gauparteitag mit großen Aufmärschen und einer Massenkundgebung in Speyer gestört werden. Der Bischof beging sein Jubiläum aber nicht in der Stadt, sondern in Klosterneuburg. Die antikirchliche Rede des Gauleiters war wörtlich in der Presse zu lesen.[19] Einige Monate später wurde Pfarrer Josef Schröder zum päpstlichen Hausprälaten ernannt. Als er 1940 gestorben war, folgte ihm Heinrich Hartz als Stadtpfarrer.

Hartz hat eine größere Anzahl von Notizen hinterlassen und auch das Pfarrgedenkbuch gewissenhaft geführt, so daß wir ihm manche Kenntnis über die Kriegs- und Nachkriegszeit verdanken.[20]

Er berichtet, daß die Bevölkerung auch im „Dritten Reich" nach wie vor fleißig in die Kirche ging und sich an den Prozessionen, vor allem an Fronleichnam beteiligte. Die Begeisterung für die Parteiideologie sei nicht groß gewesen. Die Hitlerjugend (HJ) und der Bund deutscher Mädel (BdM) seien nur wenig in Erscheinung getreten.

Pfarrer Hartz charakterisiert auch die damals in Deidesheim maßgeblichen Personen. Der Bürgermeister Eckel-Sellmayr habe sich fair benommen. Er habe ihm nach dem Krieg dafür gedankt. Sein Stellvertreter Kraft habe viel Unliebsames abgebogen. Auch der Stadtrat habe sich anständig verhalten. Gelobt werden ebenso der Gendarmeriechef Ulrich und der Ortsbauernführer Jakob Glaser. Hingegen erschienen Hartz der NS-Ortsgruppenleiter Koch und der Schulrektor Alfons Bold, die beide aus der Kirche ausgetreten waren, gefährlich. Koch hatte den Pfarrer mehrfach angeschwärzt, was aber ohne böse Folgen blieb. Bold war in Deidesheim einer der eifrigsten Nationalsozialisten. Als in der Stadt am 9. November 1938, an dem anderswo die Synagogen brannten, alles ruhig blieb, und der Staatssicherheitsdienst (SD) dies beanstandete, wurde Bold am Tag darauf verspätet aktiv. Unter seiner Anführung wurden die beiden noch in Deidesheim verbliebenen jüdischen Häuser Feis und Reinach demoliert. Die abendliche Verwüstung des jüdischen Friedhofs ging allerdings auf das Konto des SA-Sturmführers Anslinger. Bold stattete auch an übergeordnete Stellen Berichte über das kirchliche Leben in Deidesheim ab und meldete die Teilnahme von Beamten und Lehrern am Gottesdienst. Den größeren Teil der Lehrer schätzte Pfarrer Hartz als gut ein.

*Michael Henrich (1877–1949),
seit 1895 Lehrer in Deidesheim,
17 Jahre lang Vorstandvorsitzender
des Winzervereins, vom 25. April 1945
bis zum 1. Juli 1948 Bürgermeister*

Der Lehrer Michael Henrich, nach dem Krieg Bürgermeister von Deidesheim, war während der Kriegszeit Vorstandsvorsitzender des Winzervereins. Dort trafen sich wöchentlich neben Henrich und Hartz der Kellermeister Ekkel, der Ortsbauernführer Glaser, der Postamtsleiter Brenner und andere, „lauter Dachaureife", wie Hartz in einer Art Galgenhumor bemerkt.

Der Ausbruch des Zweiten Weltkrieges im September 1939 weckte zunächst schlimme Erinnerungen und Befürchtungen, die sich aber vorerst nicht bewahrheiteten. Doch mußten viele Deidesheimer einrücken, viele kamen nicht mehr zurück, so daß in immer mehr Familien Trauer einkehrte. Natürlich gab es alle möglichen Einschränkungen, aber das Alltagsleben ging in den ersten Kriegsjahren im gewohnten Rhythmus weiter, nur daß die Partei die Zügel noch etwas stärker anzog. Die fehlenden männlichen Arbeitskräfte wurden zum Teil durch Kriegsgefangene und Fremdarbeiter ersetzt. Allmählich machte sich aber der Krieg auch in der Heimat direkt bemerkbar. Luftangriffe auf Mannheim und Ludwigshafen waren an der Weinstraße deutlich wahrzunehmen. 1941 und 1942 fielen erste Bomben auch auf Deidesheim. Wegen der Fliegergefahr wurden im Januar 1943 alle Kunstgegenstände aus der Pfarrkirche in die Krypta des Speyerer Doms gebracht. Die Kirchenglocken mußten im März 1943 bis auf die Marienglocke geopfert werden. Am 30. Mai dieses Jahres geschah die Weihe der Diözese Speyer an das unbefleckte Herz Mariens. In Deidesheim verband man damit das Gelöbnis zum Wiederaufbau der Michaelskapelle.

In den letzten Kriegsmonaten wurde die Lage wegen der fast unbehinderten Tätigkeit von Tieffliegern immer gefährlicher.[21] Schließlich fielen am Vormittag des 9. März 1945 zwei Sprengbomben auf das als Ausweichkrankenhaus dienende Spital. Dabei kamen acht Menschen ums Leben. Die Spitalgebäude wurden schwer beschädigt. Damit kam Deidesheim noch vergleichsweise glimpflich davon, denn am 18. März wurden die Nachbarstädte Bad Dürkheim und Wachenheim durch einen Luftangriff, der hunderte von Todesopfern forderte, zu großen Teilen zerstört. Als der Krieg näher kam, traf man Vorkehrungen zur Verteidigung. Schon im Herbst 1944 wurden Panzersperren vorbereitet.[22] Als die amerikanischen Truppen am Morgen des 21. März 1945 unmittelbar vor Deidesheim standen, verhinderten beherzte Bürger, darunter Frida Piper von Buhl und Dr. Alfred Schüdel die Schließung der Panzersperre in der Hauptstraße. In der Nacht war auf dem Kirchturm eine große weiße Fahne aufgehängt worden. Die SS suchte den an der Sache unbeteiligten Stadtpfarrer Hartz, der mit dem Fahrrad nach Bad Dürkheim flüchtete, das schon von den Amerikanern besetzt war. Der Winzer Georg Dick und der Schuldiener Wendel Hageni, welche die Fahne gehißt hatten, konnten sich verstecken.

Um 13.30 Uhr rückten die Amerikaner kampflos in die Stadt ein. Am 25. April 1945 bestellten sie nach Befragen des Pfarrers und der Barmherzigen Schwestern den pensionierten Oberlehrer Michael Henrich zum Bürgermeister, was dieser bis zum 1. Juli 1948 blieb, nachdem er im September 1946 durch Wahl bestätigt worden war.[23] Zweiter Bürgermeister wurde der Chemiker Dr. Ernst Fürst. Vier Tage nach Ernennung des Bürgermeisters war die erste Stadtratsitzung, in der achtzehn Personen zu Stadträten berufen wurden.

Am 9. Mai 1945 fand mit überwältigender Beteiligung eine Wallfahrt zur Ruine der Michaelskapelle statt, bei der das Gelöbnis zu deren Wiederaufbau von 1943 erneuert wurde. Auch die Fronleichnamsprozession am 31. Mai hatte eine große Beteiligung zu verzeichnen.

Man hatte sich an die Amerikaner noch nicht richtig gewöhnt, als diese in der Zeit vom 8. bis zum 15. Juli 1945 ihre 169 Soldaten aus Deidesheim abzogen und an ihrer Stelle 200 französische Soldaten, 50 Unteroffiziere und 20 Offiziere einrückten. Diese nahmen für die nächsten sieben Jahre sehr viel Wohnraum und Ausstattungsgut in Anspruch.

Die französische Militärregierung bestätigte den Bürgermeister im Amt, löste aber den Stadtrat auf. Bis es dann zur Bildung eines Bürgerrates kam, vergingen einige Monate. Die ersten demokratischen Kommunalwahlen fanden am 15. September 1946 statt. Dabei errang die im Dezember 1945 neugebildete Ortsgruppe der CDU 62% der Stimmen und 10 Sitze im sechzehnköpfigen Stadtrat. Die übrigen Sitze gingen an die SP.

Die französische Besatzungsmacht hätte am liebsten ihre Zone aus dem Zusammenhang mit Deutschland gelöst. Vereinzelt aufscheinende separatistische Bestrebungen fanden aber keine Resonanz. Auch waren Briten und Amerikaner gegen jede territoriale Absplitterung im Westen. So ließen die Franzosen als letzte der Besatzungsmächte am 13. Dezember 1945 die Bildung von Parteien zu. Von Februar bis Mai 1946 bildeten dann nacheinander die Kommunistische (KP), die Sozialdemokratische(SP), die Christlich-Demokrati-

Die Ruine der Michaelskapelle um 1935

sche (CDP) und die Liberale Partei (LP) ihre Landesverbände. Zunächst mußten die Parteinamen ohne „D" (für Deutschland) geführt werden, weil die Franzosen ihre Vorstellung von einer wie auch immer gearteten Eigenstaatlichkeit des linksrheinischen Gebietes noch nicht ganz aufgegeben hatten.

Am 1. Oktober 1945 begann in Deidesheim wieder der Volksschulunterricht, nachdem er ein Jahr lang geruht hatte. Die Elternabstimmung am 17. März 1956 ging mit 345:1 für die Konfessionsschule aus. Erst 1970 wurde unter Ministerpräsident Helmut Kohl in Rheinland-Pfalz die Simultanschule allgemein eingeführt.

Im März 1948 erhielt Deidesheim ein Kino im Saal des Gasthauses zum Adler. Im Juli des selben Jahres fand ein Katholikentag für die Vorderpfalz statt, bei dem in Anwesenheit von Bischof Josef Wendel Professor Dr. Karl Holzamer die Festrede hielt. Die Kolpingfamilie spielte das Stück „Pilger zum Weltgericht". 1949 war der Pfälzer Katholikentag bei der Ruine der Michaelskapelle. Dieses Mal sprach der bayerische Kultusminister Dr. Dr. Alois Hundhammer, und die Kolpingfamilie spielte „Der Sänger Gottes".

In den Jahren vor der Währungsreform herrschte Hungersnot, die zeitweise bedrohliche Formen annahm. Aus den Deidesheimer Wäldern mußte wieder sehr viel Holz an Frankreich geliefert werden. Ein verheerender Waldbrand richtete 1949 überdies erhebliche Schäden an. In den folgenden Jahren mußten große Anstrengungen zur Wiederaufforstung unternommen werden.

In den Jahren 1949 und 1950 kamen viele Heimatvertriebene nach Deidesheim, für die Wohnungen, Hausrat und Kleidung beschafft werden mußten. Bis dahin hatte sich Frankreich wegen der skizzierten politischen Vorstellungen geweigert, Heimatvertriebene in seine Besatzungszone aufzunehmen.

Die Stadtratswahlen vom 14. November 1948 hatten die politische Landschaft in Deidesheim verändert. Die CDU blieb zwar stärkste Fraktion, doch zogen zwei Wählergruppen in den Stadtrat ein, deren eine sogar die SPD überholte. Als am 1. Dezember 1948 der CDU-Kandidat Norbert Oberhettinger zum Bürgermeister gewählt wurde, zogen die sechs Mitglieder der Wählergruppen unter Protest aus dem Rathaus aus und kehrten nicht mehr zurück, so daß der Stadtrat bis November 1952 nur aus neun Mitgliedern bestand.

Die von einzelnen Personen gegründeten und nach ihnen benannten Wählergruppen sollten auch in Zukunft eine wichtige Rolle spielen. 1956 gab es gleich vier, die insgesamt mehr als 34% der Stimmen erhielten. Später fanden solche Vereinigungen in der Freien Wähler-Gruppe ein Sammelbecken.

Bürgermeister Norbert Oberhettinger beim Mittelhaardter Weinleseschlußfest 1953 mit der pfälzischen Weinkönigin Ingrid Schreck aus Deidesheim

Oberhettinger war in den ersten Jahren, wie alle seine Vorgänger, ehrenamtlich tätig. Nach einigen Turbulenzen wurde er aber zum 1. April 1957 erster hauptamtlicher Bürgermeister von Deidesheim. Als er 1968 zur Wiederwahl anstand, hatte er durch seine Arbeit und sein politisches Geschick alle im Stadtrat vertretenen Richtungen überzeugt und erhielt ein einstimmiges Mandat.

Bürgermeister Oberhettinger hatte manches aufzuarbeiten, was in der Kriegs- und der unmittelbaren Nachkriegszeit nicht durchführbar war. So wurden die Wasserversorgung und das elektrische Ortsnetz verbessert. Die Kanalisation wurde begonnen, die Straßenbeleuchtung und das Schwimmbad modernisiert. Baulandbeschaffung und Wohnungsbau waren damals drängende Aufgaben. Die Grundschule im Stadtzentrum wurde um 1960 völlig neu erbaut. Zehn Jahr später folgte die Hauptschule in der östlichen Stadterweiterung. Die seit Jahrzehnten gewünschte Stadt- und Turnhalle konnte 1964 eingeweiht werden. Der Fremdenverkehr erhielt beachtlichen Auftrieb. 1968 wurde Deidesheim sogar Luftkurort.

In den April 1956 fiel das Volksbegehren, das der „Bund Bayern – Pfalz" angestrengt hatte und das von der SPD unterstützt worden war. Weil Bayern ein wichtiges Absatzgebiet für Pfälzer Wein war, hatte der Bund in Deidesheim eine starke Ortsgruppe, doch erhielt Rheinland-Pfalz die Stimmen der Mehrheit. Für den Anschluß an Baden-Württemberg hatten sogar mehr gestimmt als für Bayern, dem am 22. April 1956 immerhin 376 Stimmen zufielen, was fast ein Fünftel der Stimmberechtigten war und damit doch noch mehr als der pfälzische Durchschnitt.

Auf kirchlichem Gebiet tat sich auch einiges. Die Michaelskapelle wurde 1952 wieder aufgebaut und damit das Gelöbnis aus der Kriegszeit erfüllt. In der Silvesternacht dieses Jahres läuteten fünf neue Gloken vom Turm der Stadtkirche. Zum 500-jährigen Jubiläum der Kirche wurde eine längere Renovierungsphase abgeschlossen, bei der auch der „schiefe Turm" von Deidesheim saniert worden war.

Der auch politisch aktive Stadtpfarrer und Prälat Heinrich Hartz wurde am 14. September 1956, seinem 70. Geburtstag, zum Ehrenbürger von Deidesheim, fünf Jahre später zum päpstlichen Geheimkämmerer ernannt.

Die evangelische Gemeinde, die in der Nachkriegszeit stark angewachsen war, erweiterte 1957 ihre Kirche und erbaute gleichzeitig ein Gemeindehaus. Zwei Jahre darauf wurden drei neue Glocken und 1964 eine neue Orgel angeschafft. 1984 wurde die protestantische Gemeinde eigene Pfarrei.[24]

Doch nun wieder zur Kommunalpolitik! Im Jahr 1972 waren die Vorbereitungen zur Bildung der Verbandsgemeinde Deidesheim soweit gediehen, daß sie mit dem 1. Januar 1973 vollzogen werden konnte. Am 7. September 1972 fand die Wahl zum Bürgermeister der neuen Verbandsgemeinde statt. Nach-

Weihe der neuen Glocken für die katholische Stadtkirche durch Prälat Heinrich Hartz 1952

dem Norbert Oberhettinger auf die Kandidatur verzichtet hatte, nominierte die CDU Stefan Gillich, der dann auch gewählt wurde. Gillich hatte eine vielseitige Ausbildung, zunächst im handwerklichen, dann im sozialen Bereich absolviert. Bevor er nach Deidesheim kam, war er Gesamtgeschäftsführer und Bildungsreferent in dem vom Jesuitenorden getragenen Sozialinstitut und Bildungszentrum Heinrich Pesch-Haus in Mannheim. Kommunalpolitische Erfahrung hatte er als Gemeinderat und Fraktionsvorsitzender in seinem früheren Wohnort Haßloch und im Kreistag, zuletzt als Erster Kreisdeputierter gesammelt. Oberhettinger wollte Stadtbürgermeister von Deidesheim bleiben. Als im Herbst 1972 der bekannte Bundestagsabgeordnete Karl Theodor Reichsfreiherr von und zu Guttenberg, der Besitzer des Deidesheimer Weingutes Reichsrat von Buhl gestorben war, nahm Oberhettinger an dessen Begräbnis in Oberfranken teil. Auf der Rückfahrt am 9. Oktober 1972 verunglückte er zusammen mit seiner Frau tödlich. Sein Nachfolger als Stadtbürgermeister wurde der Weingutsbesitzer Erich Gießen, der sehr umsichtig und gewissenhaft sein Amt wahrnahm, jedoch 1975 darauf verzichtete. Danach wählte man Stefan Gillich auch zum Stadtbürgermeister von Deidesheim.

Mehr als ein Vierteljahrhundert währt nunmehr die Amtszeit von Stefan Gillich, die meisten Jahre in der Doppelfunktion als Verbands- und Stadtbürgermeister. Es ist noch nicht die Zeit, die Ära Gillich ausführlich zu würdigen.

Einiges sei aber doch erwähnt, ohne auch nur annähernd Anspruch auf Vollständigkeit erheben zu wollen. In vielem wurde natürlich die begonnene oder geplante Arbeit fortgesetzt, aber Gillich entwickelte ständig neue Ideen und fand oft auch unkonventionelle Wege zu ihrer Finanzierung.

Schon 1974 wurde die Gemeinschaftskläranlage fertiggestellt. Die neugestaltete Schloßparkanlage konnte zwei Jahre später eröffnet werden. Jahre danach kam der Stadtgarten mit seinen exotischen Raritäten hinzu. 1978 wurde die Zentrale Sportanlage ihrer Benutzung übergeben, später durch die große Sporthalle ergänzt. Die Stadthalle wurde umgebaut und erweitert. Die in Deidesheim immer problematische Wasserversorgung konnte durch einen Vertrag mit Neustadt endlich gesichert werden. Gesichert wurde auch der Fortbestand der Eisenbahnverbindung. 1978 verabschiedete der Gemeinderat einen Flächennutzungsplan. Etwa gleichzeitig begann die Rebflurbereinigung. Das Bürgerhospital wurde modernisiert und mit neuen Einrichtungen versehen, wozu auch die Kurzzeitpflege gehört. Neben der Förderung der Vereine wurde die Kulturpflege um das Volksbildungswerk, die Musikschule und drei

Bürgermeister Stefan Gillich mit den Bürgermeistern der Partnergemeinden St. Jean de Boiseau (Frankreich), Buochs (Schweiz) und Bad Klosterlausnitz (Thüringen) beim Stadtrechtsjubiläum 1995

Museen erweitert, um nur einiges zu nennen, die Turmschreiberei nicht zu vergessen. Mit vier europäischen Gemeinden, Buochs (Schweiz), St. Jean de Boiseau (Frankreich), Tihany (Ungarn) und Bad Klosterlausnitz in Thüringen, bestehen Partnerschaften. Der Fremdenverkehr als wichtiger Wirtschaftsfaktor in Deidesheim erlebte einen ungeahnten Aufschwung, wozu sicher auch das rege, durchaus niveauvolle Festleben beitrug. Ein Glanzlicht war die Feier des 600-jährigen Stadtrechtsjubiläums im Jahre 1995 mit dem umjubelten historischen Festzug als Höhepunkt. Weltberühmtheit errang Deidesheim durch den Besuch einer ganzen Reihe führender ausländischer Politiker, die Bundeskanzler Kohl in die Stadt brachte. Hier machte Gillich, oft begleitet von seiner charmanten Frau, als Repräsentant der Bürgerschaft immer eine gute Figur. Gegen Ende seiner Amtszeit als Verbandsgemeindebürgermeister konnte er noch ein neues Rathaus für die Verbandsgemeinde einweihen.

Am 12. Oktober 1997 wurde die Verwaltungsbeamtin Marion Magin zur neuen Bürgermeisterin der Verbandsgemeinde Deidesheim gewählt. Sie trat ihr Amt zum 1. Januar 1998 an. Stefan Gillich blieb Stadtbürgermeister.

Gutsbesitzer und Winzer

Trotz mancher politischen Einschränkung ging es der Gemeinde Deidesheim in der Zeit um 1850 nicht schlecht. Da sie im wesentlichen vom Weinbau abhängig war, wirkten sich die guten Jahrgänge 1846 und 1848 günstig aus. Wenn auch das Jahr 1851 den „geringsten Wein seit 1807" brachte, so glichen das die folgenden Jahre aus. 1858 ging sogar als „vollkommenes gutes Weinjahr" in die Weinchronik ein.[25] Um diese Zeit begannen auch die Weinversteigerungen der großen Gutsbetriebe. Die Erfolge im Weinbau hingen aber nicht nur von der jeweiligen Witterung ab, sondern vielmehr von den Bemühungen um den Qualitätsweinbau. Diese gehen in Deidesheim vor allem auf Andreas Jordan (1775–1848) zurück, der nach dem Vorbild der Rheingauer Klöster seinen Betrieb umstellte und dadurch erstmals gegen Ende des 18. Jahrhunderts mit seinen Weinen besonders hohe Verkaufspreise erzielte. Was damals neu erschien, war die Bevorzugung edler Traubensorten, insbesondere Riesling und Traminer, Beachtung des richtigen Zeitpunktes für die Lese je nach Lage und Traubensorte bis zur Edelfäule, getrennte Kellerbehandlung der Sorten und genaue Bezeichnung der Weine nach Ort, Lage, Sorte und Jahrgang. Auch in der Anlage der Weinberge änderte sich manches. So wurden viele Weinberge neu terrassiert, einzelne Nordhänge mit viel Aufwand zu Südlagen umgebaut, Schutzmauern gegen Nordwinde errichtet und das Wegenetz verbessert. Damit veränderte sich natürlich auch das Landschaftsbild. Bis zur Rebflurbereinigung der letzten 25 Jahre blieb es in einer Form erhalten, die für die Mittelhaardt 150 Jahre lang charakteristisch erschien und vielen noch so in Erinnerung ist.

Wichtig war auch die Erschließung neuer Märkte im Inland und im Ausland, wo unter anderen Böhmen, England und Rußland Exportziele waren.[26]

Die neuen Methoden verbreiteten sich von Deidesheim aus und waren in den ersten Jahrzehnten des 19. Jahrhunderts zumindest bei den Weingutsbesitzern der Mittelhaardt Allgemeingut geworden.

Der daraus resultierende Wohlstand war durchaus sichtbar. August Becker nennt 1858 die großen Gutsbesitzer „Gebirgsadel" und meint: „Der Reichtum der Stadt Deidesheim bekundet sich schon im Bau der Häuser."[27] Bereits 1833 hatte Johann Philipp Bronner über Deidesheim geschrieben: „Überhaupt deutet sowohl der Ort selbst, als seine Umgebungen, auf eine Wohlhabenheit und Reichtum, den man sonst nirgends als im Rheingau wieder findet."

Freilich ist auch wahr, was Bronner dazu anmerkte, nämlich, „daß der Weinbau eigentlich nur in den Händen der Vermöglichen gewinnbringend sey, und daß der Arme immer dabey arm bleiben wird".[28]

Wer mit den Armen gemeint sein könnte, zeigt ein Blick in die im Stadtarchiv aufbewahrten Wählerlisten zu den Gemeinderatswahlen der zweiten

Hälfte des 19. Jahrhunderts, in denen außer den Berufsbezeichnungen auch die jeweiligen Steuerzahlungen eingetragen sind. 1848 waren 60% der aktiv Wahlberechtigten Winzer, 7% Gutsbesitzer und 16% Handwerker. Der Rest verteilt sich auf sehr unterschiedliche Berufe. Insgesamt handelt es sich um 347 Wahlberechtigte. Von diesen waren wiederum die 182 Höchstbesteuerten, alle, die zu mehr als 2 Gulden „Grund- Häuser- und Gewerbesteuer" veranlagt waren, wählbar.

Wo die Grenze zwischen Gutsbesitzer und Winzer zu ziehen ist, läßt sich nicht leicht entscheiden, da manche Winzer mehr Steuer zahlten als einige Gutsbesitzer. Im allgemeinen waren Winzer Leute, die neben der Bearbeitung ihres eigenen, oft zu kleinen Feld-und Weinbergbesitzes zumeist noch eine zusätzliche Beschäftigung ausübten. 1848 standen die Namen der Gutsbesitzer Jordan, Dietz, Häußling, Siben, Schmitt, Kimich, Gießen und Henrici für die zehn Höchstbesteuerten der Gemeinde Deidesheim, wobei Andreas Jordan nahezu viermal so viel zu zahlen hatte wie der an zehnter Stelle stehende Eduard Gießen. Die genannten Familien bildeten über viele Jahrzehnte hinweg den Kern der Deidesheimer Oberschicht, wenn auch der eine oder andere der später berühmtesten Namen infolge Einheirat hinzukam. So entstanden im Jahre 1849 durch Teilung des Jordanschen Besitzes die drei größten Deidesheimer Weingüter Jordan, später Bassermann-Jordan, Buhl und Deinhard.

1858 zahlte Ludwig Andreas Jordan 671 Gulden und 42 Kreuzer Steuer, Franz Peter Buhl 662 Gulden 31 Kreuzer, Georg Friedrich Deinhard 412 Gulden 9 Kreuzer und Jacob Häußling 121 Gulden 40 Kreuzer. Alle übrigen blieben deutlich unter 100 Gulden. Gegenüber 1848 hatte sich der Abstand der Spitzengruppe zu den übrigen Steuerzahlern noch vergrößert.

In das Jahr 1849 fällt der erste Neubau eines großen Gutshofes in Deidesheim, dem in den nächsten fünfzig Jahren noch mehrere mit ihren villenartigen, das Ortsbild bestimmenden Herrenhäusern folgen sollten. Die älteren, stattlichen Anwesen von Buhl, Kimich und Jordan stammten teilweise aus dem 18. und dem Anfang des 19. Jahrhunderts.

Aus der bisherigen Darstellung geht hervor, welch überragende Rolle einige Gutsbesitzerfamilien für die wirtschaftliche, politische und kulturelle Entwicklung von Deidesheim im 19. Jahrhundert spielten.[29] Um 1880 stellten sie etwa 5% der Einwohnerschaft. Das mögen äußerstenfalls um die 150 Personen gewesen sein, bei einer Gesamtbevölkerung von rund 2800. Um diese Zeit waren etwa zwei Drittel der Bevölkerung in der Landwirtschaft, vorwiegend natürlich im Weinbau beschäftigt. Manche betrieben daneben noch ein Gewerbe. Die große Mehrheit aber waren Kleinwinzer mit etwas Grund-, oft aus Hausbesitz, die von den Gutsbesitzern auf zweifache Weise abhängig waren. Einmal standen sie bei diesen als Taglöhner in Arbeit, zum anderen waren sie darauf angewiesen, daß ihnen die Gutsbesitzer ihren eigenen Ernteertrag, den sie damals nicht selbst verarbeiten und vermarkten konnten, abnahmen, wobei die Preise mitunter schon etwas willkürlich festgesetzt wurden, was die Gutsbesitzer allerdings mit der oft geringeren Qualität des Leseguts rechtfertigen konnten.

Noch um die Wende zum 20. Jahrhundert waren in Deidesheim mehr als 52% aller männlichen Beschäftigten in der Landwirtschaft tätig. Von diesen wiederum waren 78% Winzer. 21% arbeiteten im Handwerk, wobei die Küfer mit 25 Personen (20%) die bei weitem größte Gruppe stellten. In den Bereichen Verwaltung, Handel und Dienstleistungen arbeiteten 26% der Beschäftigten. Industrie war um diese Zeit in Deidesheim, außer zwei Betrieben zur Früchtekonservierung, nicht vorhanden.[30]

Die 254 Kleinwinzer machten genau 40% aller männlichen Beschäftigten in Deidesheim aus. Hinzu kamen noch 25, zumeist verwitwete Winzerinnen. Für diesen notleidenden Berufsstand war die Gründung zweier Genossenschaften ein wahrer Segen.

Am 6. Februar 1891 gründeten 39 Bürger den „Deidesheimer Darlehenskassenverein" als Bankgenossenschaft und Vertrieb landwirtschaftlichen Bedarfs. Vorstandsvorsitzender wurde der Weingutsbesitzer Georg Siben, Aufsichtsratsvorsitzender der Adjunkt Michael Glaser. Unter den ersten Vor-

Küfer in der Weedgasse um 1900

standsmitgliedern befand sich auch der Lehrer Friedrich Wilhelm Mayer. Noch im Gründungsjahr des Darlehenskassenvereins wuchs die Mitgliederzahl auf über hundert an. Um 1900 waren es mehr als 300. Aus der Genossenschaft entwickelte sich die heutige „Raiffeisenbank Mittelhaardt, Neustadt/Deidesheim eG" mit Sitz in Deidesheim.[31]

Einem Bericht des Bürgermeisteramtes Deidesheim an das Bezirksamt Neustadt vom 1. Mai 1900 ist zu entnehmen, daß es schon nahezu zehn Jahre lang erfolglose Versuche gegeben hatte, einen Winzerverein zu gründen. Aber erst nachdem die Winzer durch die Darlehenskasse das Genossenschaftswesen kennengelernt hätten, seien sie vom Sinn eines solchen Vereines zu überzeugen gewesen. Im Sommer 1898 hatte man sogar den Lehrer Johannes Mungenast, den damaligen Rechner der Darlehenskasse, zum Studium der schon bestehenden Winzervereine an Rhein und Ahr geschickt. Am 16. September 1898 kam es schließlich auf Einladung von Mungenast zur Gründung des Deidesheimer Winzervereins als erstem in der Pfalz. Zunächst übernahm Adam Blätte den Vorsitz der 45 Gründungsmitglieder. Mungenast folgte ihm knapp anderthalb Jahre später. Der Lehrer Friedrich Wilhelm Mayer wurde Aufsichtsratsvorsitzender. Auch der Lehrer und spätere Bürgermeister Michael Henrich bekleidete Vorstandspositionen im Winzerverein. Die entscheidende Rolle der Lehrerschaft beim Aufbau des Genossenschaftswesens wird deutlich erkennbar. Ansonsten waren die Mitglieder fast ausschließlich Winzer.

Schon im Herbst 1898 wurden 45 000 Liter Most in Mietkellern eingelagert. Im April 1899 wurde bei dem Mitglied Georg Adam Leim eine Straußwirtschaft eröffnet. Um die selbe Zeit erwarb der Verein in Bahnhofsnähe ein Grundstück und errichtete dort zum Teil in Eigenarbeit der Mitglieder Keller, Kelterhaus und Gastwirtschaft.[32] Die erste Weinversteigerung fand 1901 statt. Von vornherein wurde hohe Qualität angestrebt, schon um mit den großen Weingütern konkurrieren zu können. So gab es Bestockungsvorschriften und die Einteilung der Lagen in zunächst vier, dann neun Klassen. Für die Bezahlung ausschlaggebend war der möglichst hohe Anteil der Sorten Riesling und Traminer. Im übrigen wurde lange Zeit ein gemischter Satz aus diesen beiden Sorten und Silvaner verarbeitet.

Am 4. Juni 1902 besuchte der bayerische Kronprinz und spätere König Ludwig III. Deidesheim und besichtigte auch den Winzerverein. Der Vorstandsvorsitzende Johannes Mungenast schilderte ihm dabei eindrucksvoll die Arbeitsweise und die finanziellen Verhältnisse des Vereins. Bei dieser Gelegenheit bedankte er sich auch für die Unterstützung durch die bayerische Staatsregierung. Mungenast schrieb dem Winzerverein eine wichtige sozialpolitische Funktion zu. Er wolle den früher in Deidesheim recht ansehnlichen Mittelstand wieder stärken und so zur sozialen Zufriedenheit der Bevölkerung beitragen. Mungenast versicherte dem Prinzen, daß sozialdemokratische Bestre-

Eine der 291 im Jahr 1910 in Deidesheim gehaltenen Geißen

bungen bei der Deidesheimer Bevölkerung bislang keine Resonanz gefunden hätten.

Als eine Hauptursache der Notlage der Winzer sah Mungenast den Übergang zur reinen Wingertwirtschaft und trat dafür ein, Ackerbau und Viehhaltung beizubehalten. So könne den Winzer ein Mißjahr nie voll treffen.

Die landwirtschaftlichen Jahresberichte des Bürgermeisteramtes Deidesheim an das Bezirksamt Neustadt beleuchten die Situation. Aus dem Jahr 1912 wird berichtet, daß in letzter Zeit neben dem Wein – vermehrt Obstbau betrieben würde. 1907 gab es 16056 fruchttragende Bäume in Deidesheim. Das waren 3700 mehr als sieben Jahre zuvor. Die Obstbaumzählung von 1913 ergab gar die Zahl von 21233. Die häufigste Obstart waren Birnen, gefolgt von den Äpfeln. Es gab auch sehr viele Zwetschgen und Pfirsiche, weniger Kirschen. Die Mandeln waren mit 544 Bäumen reich vertreten. Eher exotisch erschienen die 96 Feigen- und die 17 Maulbeerbäume.

Die Viehzählung von 1910 ergab 58 Pferde, 216 Stück Rindvieh, 323 Schweine, 291 Ziegen und 5 Schafe. Die Pferde gehörten vor allem den Gutsbesitzern; auch das Rindvieh stand zu einem großen Teil in ihren Ställen. So hielt beispielsweise das Weingut Deinhard noch bis in die 1920-er Jahre 20 bis

30 Stück Rindvieh. Auch bei anderen Weingütern gab es Kühe, bei Buhl sogar noch nach dem Zweiten Weltkrieg. Wir erfahren allerdings, daß die Rindviehzucht um 1910 rückläufig war, „Ziegen dagegen werden von den kleinen Winzern, welchen das zum Halten von Großvieh erforderliche Land abgeht, in verhältnismäßig starkem Maßstabe gezüchtet".[33]

Der recht erfolgreiche Winzerverein konnte zeitweise wegen Mangel an Lagerkapazität und anderen Problemen keine neuen Mitglieder mehr aufnehmen. Außerdem gab es soziale Differenzen zwischen „Kuhbaure" und „Gäßebaure", so daß letztere, auch wieder unter Anführung von Johannes Mungenast, der dann für zehn Jahre Geschäftsführer wurde, am 3. August 1913 eine neue „Winzergenossenschaft Deidesheim" gründeten. Den Vorstandsvorsitz übernahm zunächst Konrad Fischer, ein Jahr später Adam Kraft. Aufsichtsratsvorsitzender war im ersten Jahr August Schaub, danach Wendel Glaser VI. 1916 erwarb die Genossenschaft das Anwesen Hauptstraße 65–67, das im Jahr darauf einen schweren Brandschaden erlitt. 1919 wurde dort eine Gastwirtschaft eingerichtet, die heute noch als Hausgaststätte des Winzervereins in Betrieb ist, denn beide Genossenschaften schlossen sich 1966 unter diesem Namen zusammen.

Kuhbauernfuhrwerk um 1900

Gemeinwohl und Bürgersinn

Die Deidesheimer Weingutsbesitzer behielten ihren Reichtum nicht allein für sich. Sie investierten in viele gemeinnützige Einrichtungen, die häufig mit ihren Namen verbunden waren und die andere Gemeinden von der Größe Deidesheims nur selten besessen haben dürften. Außerdem stellten sie bis in den Zweiten Weltkrieg hinein immer die Bürgermeister der Stadt, die früher grundsätzlich ehrenamtlich arbeiteten.

Schon 1851 wurde von den Familien Jordan, Buhl und Deinhard eine Kleinkinderbewahranstalt gestiftet, die zwei Jahre später ihre Arbeit im Spital aufnahm. Die Familie Buhl ermöglichte 1907 einen Neubau.

Am 25. September 1851 wurde der heute noch auf dem Marktplatz stehende Andreasbrunnen eingeweiht. Der Bürgermeister Ludwig Andreas Jordan hatte ihn gemeinsam mit seinen Verwandten zum Andenken an seinen drei Jahre zuvor verstorbenen Vater Andreas gestiftet, der von 1819 bis 1834 gleichfalls Bürgermeister gewesen war. Der Brunnen war in „Formen der italienischen Hochrenaissance" von der Gienanthschen Hütte in Eisenberg gegossen wor-

Seit 1851 ist der vornehme „Andresebrunne" der Mittelpunkt des Marktplatzes

den. Das Einweihungsfest begann mit Böllerschüssen, Musik und Gesang. Die Schulkinder erschienen mit Blumenkränzen. Franz Peter Buhl hielt eine politische Rede. Die Honoratioren der Stadt gönnten sich ein Festessen. Abends folgte eine bengalische Beleuchtung des Brunnens und ein Ball im Bayerischen Hof.[34] Der Brunnen wurde später alljährlich am „Andresetag" (30. November) mit Blumen geschmückt, und jedes Schulkind erhielt aus der Stiftung Jordan eine Brezel.

Die Wasserversorgung Deidesheims bestand damals nur aus einigen Pump- und Ziehbrunnen. Für den Andreasbrunnen wurde eigens eine Wasserleitung aus dem Sensental herbeigeführt. Diese wurde 1887 durch die Familie Jordan erweitert und der Stadt übergeben; doch reichte die Leitung für die Versorgung der Bevölkerung längst nicht aus, so daß schon 1891 Pläne für eine Wasserleitung aus dem zu Deidesheim gehörenden Gimmeldinger Tal vorgelegt wurden. Hiergegen gab es aber Widerstand aus Gimmeldingen und Mußbach, der nicht auszuräumen war. So arbeitete die Gemeinde an einer Wasserleitung aus dem Mühltal, die am Sonntag, dem 17. Juli 1898 feierlich eröffnet werden konnte.

Bronzetafel zur Erinnerung an die Stifterin der 1907 gebauten Wasserleitung Seraphine von Stichaner geborene Jordan

Leider stellte sich bald heraus, daß der Wassernotstand der Stadt Deidesheim mit der neuen Wasserleitung eben auch nicht völlig zu beheben war, so daß man sich doch wieder mit den Quellen im Benjental bei Gimmeldingen beschäftigte, aus dessen unterem Teil die Gemeinde Mußbach seit 1899 ihr Wasser bezog. In dieser Situation kam eine unverhoffte Stiftung wie gerufen. Seraphine von Stichaner geborene Jordan, Witwe des früheren Bezirkspräsidenten des Unterelsaß, spendete der Stadt am 7. August 1907 zur Erweiterung des von ihren Vorfahren begonnenen Werkes der Wasserleitung für Deidesheim 65 000 Mark. Bedingung für das Wirksamwerden der Stiftung war, daß das Wasser von mindestens zwei Quellen aus dem Gimmeldinger Tal nach Deidesheim geleitet wurde. Trotz mannigfacher Schwierigkeiten mit den Gemeinden Gimmeldingen, Mußbach und Königsbach, über deren Gebiet die Wasserleitung geführt werden mußte, trieb die Stadt Deidesheim die Baumaßnahmen so schnell voran, daß die neue Wasserleitung im Mai 1908 in Betrieb genommen werden konnte. Frau von Stichaner wurde vom Stadtrat hoch geehrt. Zwei Gedenktafeln erinnern an die Stifterin der „Stichaner-Jordanschen Wasserleitung".[35]

Der Bürgersinn des 19. Jahrhunderts äußerte sich unter anderem in einer großen Zahl von Schenkungen und Stiftungen. Nicht nur der Kindergarten und die Wasserleitung wurden der Stadt geschenkt, sondern auch viele Verschönerungen des Stadtbildes.

Eine der größten Schenkungen, die in Deidesheim je gemacht wurden, rief einige Unruhe hervor, bis sie endlich angenommen werden konnte.[36] Die Witwe Josephine Schöffler geborene Siben hinterließ der katholischen Kirche in Deidesheim 1865 testamentarisch ein Wohnhaus und dazu ein Kapital von 6000 Gulden für zwei weibliche Ordensangehörige, die sich der Pflege armer Kranker und Wöchnerinnen ohne Rücksicht auf deren Religion widmen sollten. Außerdem sollten sie für arme Mädchen Unterricht im Nähen, Spinnen und Stricken erteilen.

Die Zinsen von 300 Gulden bestimmte Frau Schöffler für den Glöckner und die Kirchenreinigung. Außerdem stiftete sie verschiedene Seelenmessen.

Aus dem Erbe ihres verstorbenen Bruders kamen 3000 Gulden für die Herrichtung der Michaelskapelle, 100 Gulden für das Waisenhaus in Dürkheim und 300 für das in Landstuhl, 100 Gulden für arme Israeliten und 200 Gulden für arme Abendmahlskinder (Erstkommunikanten).

Der Fabrikrat (Stiftungsrat) nahm das Testament in seiner Sitzung vom 17. Dezember 1865 einstimmig an. Auch der städtische Armenpflegschaftsrat entschied sich mit einer Gegenstimme für die Annahme. Der Stadtrat hingegen lehnte endgültig am 27. Dezember 1865 mit elf zu acht Stimmen ab, obwohl Bürgermeister Georg Dietz die Annahme befürwortete.

*Josephine Schöffler
geborene Siben (1807–1865)
hinterließ der Stadt ein
reiches Erbe.*

Der Grund für die Ablehnung war, daß man keine Ordensschwestern in Deidesheim wollte.[37] Die Orden ließen angeblich Tendenzen erkennen, die mehr erstrebten als Krankenpflege und die damit Unfrieden stifteten. Man berief sich auf schlechte Erfahrungen, die man vor mehr als zwanzig Jahren mit barmherzigen Schwestern gemacht habe.

Daraufhin berichtete der Deidesheimer Stadtpfarrer Mathias Ehmannt dem Bischof in Speyer von einer Gegnerschaft der „gothaisch – fortschrittlichen Partei" gegen die „guten Elemente" in Deidesheim. Diese Minorität im Stadtrat bestehe aber aus „intelligenten, conservativen, christlich gesinnten braven Bürgern", welche die Mehrheit der Bürgerschaft hinter sich hätten.

Schon am 10. Dezember 1865 hatte die Speyerer Diözesanzeitung „Der christliche Pilger" die „Gothaer" als „die Herren Freimaurer" bezeichnet, die für sich alle Freiheiten in Anspruch nähmen, aber den Klosterfrauen diese nicht zubilligen wollten. Die Geldaristokraten hätten noch nie gefühlt, was Armut sei und könnten darum nicht ermessen, was Barmherzigkeit um Christi willen bedeute. Der Deidesheimer Kaplan Wallrab hielt den Artikel des „Christlichen Pilger" allerdings nicht für hilfreich und ließ das bischöfliche Ordinariat wissen, daß das Volk in Deidesheim besser katholisch sei „als es bekannt ist".

Zu allem Überfluß fochten im Januar 1866 die Erben der Witwe Schöffler das Testament an. Allerdings wurde ihre Klage am 9. Dezember 1868 vom Bezirksgericht Frankenthal zurückgewiesen.

Am 23. April 1870 stimmte der Deidesheimer Stadtrat noch einmal über die Angelegenheit ab und nahm nun das Testament der Witwe Schöffler mit zwölf gegen sieben Stimmen an. In der Beilage zum „Deidesheimer Wochenblatt" vom 10. Mai 1870 begründeten die sieben Ablehnenden ihre Haltung. Sie sahen eine „ultramontane Agitation" am Werke, die auch Orden und Kongregationen für ihre Zwecke einspanne. „Die Unterzeichneten sind sämmtlich Katholiken und haben es wohl schon oft schmerzlich empfunden, daß sie mit der in ihrer Kirche herrschenden Richtung im Widerspruch leben müssen .... Nicht gegen die heldenmüthigen Jungfrauen kämpfen wir an, die in der selbstlosesten Aufopferung sich der Pflege ihrer Mitmenschen hingeben, sondern gegen die Herren, denen auch diese edeln Wohlthäterinnen der Menschheit nur ein willenloses Werkzeug für ihre Zwecke sind. .... Joseph Gießen, Ed. Gießen, H. Molitor, J. Häusling, F. Deinhard, Gg. Reuther, H. Eichelmann, G. Eichberger, Dr. F. A. Buhl."

Als nun beim 3. Orden der armen Franziskanerinnen in Mallersdorf wegen der Delegation zweier Schwestern nach Deidesheim angefragt wurde, kam un-

Das alte, von Josephine Schöffler gestiftete Schwesternhaus

term 13. August 1870 die Antwort, daß wegen des Krieges derzeit alle Schwestern in Lazaretten seien. Außerdem dürften nie weniger als drei Schwestern in einer Filiale sein und überdies dürften die Schwestern auch keine Wöchnerinnen in den ersten acht Tagen nach der Niederkunft betreuen.

Noch im August 1870 kamen dann zwei Niederbronner Schwestern nach Deidesheim und bezogen das testamentarisch hinterlassene Haus. Heute befindet sich an dessen Platz die Raiffeisenbank.

Der Fond für die Wiederherstellung der Michaelskapelle aus dem Testament der Witwe Schöffler reichte 1908 dafür noch nicht aus. Bis zur Inflation 1923 war er auf 70 000 Mark angewachsen, dann aber abgewertet worden und noch einmal 1948, so daß als die Kapelle 1952 wieder aufgebaut wurde, nicht mehr allzu viel dafür übrig geblieben war.

Von länger anhaltender Wirkung waren Stiftungen, deren Kapital angelegt wurde und deren Zinsen dann für einen vom Stifter bestimmten Zweck verwendet werden mußten. Häufig widmete man die Stiftungen dem Andenken Verstorbener. Die älteste war die 1842 errichtete Westphal-Stiftung des Hamburger Kaufherrn Wilhelm Westphal im Gedenken an seine in Deidesheim verstorbene Frau. Die Zinsen von 200 Gulden Kapital sollten alljährlich die Einkleidung von „zwei der ärmsten Mädchen von Deidesheim" zu ihrer Erstkommunion ermöglichen. Stiftungen mit der selben Zweckbestimmung folgten noch mehrere, zuletzt die des ehemaligen Stadtpfarrers und Ehrenbürgers Georg Metzger, der 1911 der Armenkasse Deidesheim 3000 Mark überließ, aus deren Zinsen der Armenpflegschaftsrat Erstkommunikanten unterstützen wollte.

Es gab mehrere Stiftungen, deren Ertrag Armen und Notleidenden zugute kam. Andere wiederum unterstützten bedürftige Studierende. Einige Stiftungen sollten mehreren Zwecken dienen.

Eine der letzten größeren Stiftungen war die „Bürgermeister Dr. jur. Ludwig Bassermann-Jordan'sche Stiftung" von 1917, die Dr. Friedrich Bassermann-Jordan dem Andenken seines im Ersten Weltkrieg gefallenen Bruders widmete. Mit ihr sollten vor allem Einrichtungen, die Ludwig Bassermann-Jordan in seiner Amtszeit seit 1905 geschaffen hatte, weiter unterhalten werden, wie die Triftallee, die Mandelallee, die Feigenallee und die Vogelschutzanlagen. Aber auch Maßnahmen zur Ortsverschönerung und zur Förderung des Fremdenverkehrs konnten daraus bestritten werden.

Eine weitere Stiftung war gleichfalls dem Andenken an den früheren Deidesheimer Bürgermeister gewidmet. Sein Bruder Friedrich stiftete 1915 das Kapital von 3000 Mark als „Bürgermeister Dr. Ludwig Bassermann-Jordansche Stiftung zur Haltung eines Kirchenschweizers". Es sei der Wunsch seines gefallenen Bruders gewesen, einen Kirchenschweizer zu bestellen „im Interesse der Feierlichkeit bei den Hauptgottesdiensten und der Betonung des

Der Kirchenschweizer Robert Mickenautsch am Weißen Sonntag 1959

städtischen Charakters von Deidesheim". In ihren Jugendjahren habe es das auch gegeben.[38] Ein bisher bei Prozessionen als Ordner bewährter Mann, Franz Reis, versah diesen Dienst mit Talar, Barett und Stab in der Folgezeit für 120 Mark im Jahr.

Mit der 1923 beendeten Inflation war das Kapital der meisten der rund dreißig Stiftungen so geschrumpft, daß sie ihren Zweck nicht mehr erfüllen konnten, weshalb man sie in bestimmten Gruppen zusammenfaßte oder auch ganz auflöste. Danach gab es nur noch eine einzige neue, nämlich die „Enoch Buhl-Guttenberg-Stiftung", die 1942 eingerichtet wurde, um „die drei besten schulentlassenen Knaben der Volksschule in Deidesheim" zu belohnen.

Nach der Währungsreform von 1948 war dann das endgültige Aus für alle Stiftungen gekommen, die mit den Namen Jordan, Buhl, Siben, Dietz, Kimich, Feis, Biffar, Szent-Ivany und anderen verbunden waren.[39]

Eine Stiftung hat allerdings Jahrhunderte überstanden, nämlich die Deidesheimer Spitalstiftung. Sie geht auf das Jahr 1494 und auf den ortsansässigen Ritter Nikolaus Übelhirn von Böhl zurück. Die Stiftung, deren Vorsitzender der Deidesheimer Bürgermeister ist, finanziert sich zum Teil immer noch aus den unveräußerbaren Liegenschaften aus dem Erbe des Ritters und seiner Familie. Der große, vorbildlich sanierte Gebäudekomplex mit der spätgotischen

Spitalkirche beherbergt heute Einrichtungen zur Kurzzeitpflege, ein Gästehaus und ein Café. Für die früheren Heiminsassen wurde das St. Elisabeth-Altenheim 1983 neu erbaut.[40]

Noch eine Stiftung ist zu erwähnen, die erst einige Jahre alt ist, die Frank-Leyden-Stiftung. 1983 starb in Nordamerika der in jungen Jahren aus Deidesheim ausgewanderte Franz Leidenheimer und hinterließ einen Teil seines Vermögens, nämlich 300 000 Dollar, seiner Heimatstadt als Grundstock einer Stiftung. Wie schon bei mehreren früheren Deidesheimer Stiftungen soll der Ertrag begabten Schülern und Studenten helfen. Außerdem kann die Stiftung Aktivitäten auf den Gebieten Kunst, Literatur und Wissenschaft unterstützen.

Die privaten Schulen in Deidesheim lebten natürlich auch von Stiftungen und Spenden. In den siebziger Jahren des 19. Jahrhunderts kümmerten sich wohlhabende Deidesheimer besonders um das Schulwesen in ihrer Stadt. So stiftete Ludwig Andreas Jordan 1871 die „Jordan'sche Fortbildungsschule" zum Andenken an seine verstorbene Frau Seraphine geborene Buhl. Die Stiftungsurkunde ist geprägt von der Hochstimmung nach den gerade errungenen Siegen über Frankreich und nach der Errichtung des neuen deutschen Reiches. Dazu hätte auch die Intelligenz der Soldaten beigetragen. Wörtlich heißt es weiter: „In der That ist auch die deutsche Schulbildung die beste in Europa. Aber leider ist sie nicht überall in Deutschland gleichmäßig vorangeschritten. In vielen Theilen unseres Vaterlandes findet sich unter hundert Männern kaum einer, der nicht lesen oder schreiben kann. Ganz anders steht es in unserm pfälzischen Heimathland, in welchem noch jüngst von hundert Militärpflichtigen fünfzehn ohne Schulbildung waren und das hierdurch fast auf der untersten Stufe in der Rangordnung der bayerischen Provinzen sich befindet. Wenn auch in unserem geliebten Deidesheim solche Verhältnisse in gleicher Ausdehnung nicht bestehen, so läßt es sich doch nicht leugnen, daß unsere Schulen noch viel zu wünschen übriglassen. Auch hier kann und soll noch Vieles gebessert werden. Die Erreichung dieses Zieles soll meine Stiftung erstreben."

Aus den Zinsen von 5000 Gulden sollten ein oder zwei Lehrer besoldet werden, während die Stadt Räume, Heizung und Beleuchtung stellte.[41]

Fast zwei Jahrzehnte bestand die im Herbst 1874 eröffnete Lateinschule in Deidesheim. Für die Vorbereitung des Deidesheimer Nachwuchses auf das Gymnasium hatte es zuvor nur Hauslehrer gegeben, die oft die Söhne mehrerer Familien gemeinsam unterrichteten. 1861 kam der später als Mundartdichter bekannt gewordene Karl August Woll für zwei Jahre in dieser Funktion nach Deidesheim. Das für die Lateinschule gebildete „Comité" verzichtete ausdrücklich auf Zuschüsse aus öffentlichen Mitteln und wollte die Schule nur aus den Schulgeldern von jeweils 60 Gulden und anderen freiwilligen Beiträgen sowie verschiedenen Stiftungen unterhalten. 1880 ersuchte man aber doch die Stadt um einen jährlichen Beitrag von 800 Mark auf vorerst fünf Jahre. Die mittlere Frequenz der Schule läge bei 30 Schülern, „meistens Kinder minderbemittelter Eltern von hier". Diese Kinder erhielten zum Teil Stipendien, die aus mehreren Stiftungen gespeist wurden.

1884 bestand das Lehrpersonal aus zwei promovierten Studienlehrern, zwei Schullehrern und drei Geistlichen, die den Religionsunterricht erteilten. 18 Schüler besuchten die Anstalt.

Lehrgegenstände waren Religion, Deutsch, Latein, Griechisch, Französisch, Geschichte, Geographie, Arithmetik, Naturgeschichte, Kalligraphie, Zeichnen, Gesang und Turnen. Das zeitweise unterrichtete Englisch war 1877 wieder gestrichen worden.

Dem „Komitee" gehörten 1884 die Herren Gutsbesitzer Emil Bassermann-Jordan (Vorsitzender), Dr. Eugen Buhl, Dr. Andreas Deinhard, Friedrich Eckel, Ferdinand Kimich und der Arzt Dr. Herberger an. Die Schülerzahl ging im Laufe der Jahre immer mehr zurück, so daß die Lateinschule Deidesheim mit noch zwölf Schülern am Ende des Schuljahres 1892/93 geschlossen werden mußte.[42]

Für Mädchen erschien der altsprachliche Unterricht nicht notwendig, hingegen bestand schon 1857 die Möglichkeit, bei zwei Privatlehrerinnen entsprechender Herkunft französisch und englisch zu lernen. 1877 erhielt Elise Lingenfelder die Genehmigung zum Betreiben einer Töchterschule. Der Besuch dieser privaten Einrichtung ersetzte den normalen Volksschulunterricht. Vier Jahre später ging die Genehmigung an Elise Textor.[43]

Der Vollständigkeit halber sei erwähnt, daß im Jahre 1900 eine gewerbliche Fachzeichenschule eingerichtet wurde.

Um die sportlichen Betätigungsmöglichkeiten zu erweitern, gründete eine Anzahl vermögender Bürger am 18. August 1885 den Badeverein Deidesheim, der die Errichtung eines Schwimmbades zum Ziel hatte. Vorsitzender wurde der Stadtrat, Landtags- und spätere Reichstagsabgeordnete Dr. Andreas Deinhard. Schon am 18. Juni 1886 konnte das Bad eröffnet werden. Die Finanzierung geschah durch den Verkauf von 225 Anteilscheinen in Höhe von jeweils 20 Mark, was die Summe von 4500 Mark ergab. Eine größere Zahl von Anteilscheinen erwarben die Familien Bassermann-Jordan, Deinhard, Eckel und Buhl. Jedes Jahr wurden einige Scheine ausgelost und die Beträge den Besitzern zurückgezahlt. Die Auslosung wurde aber 1892 eingestellt.

Bei der Eröffnung hatte das Bad ein Schwimmbassin von 28 auf 8 Metern, ein kleines Kinderbad und einige Umkleidekabinen. Im Laufe der Jahre ergaben sich immer wieder Veränderungen. So wurde irgendwann das Kinderbecken entfernt und dafür ein „Volksbad" eingerichtet. Dieses lag etwas unterhalb des „Herrenbades" und hieß im Volksmund „die Wäschschüssel". Es war allgemein zugänglich, während für das „Herrebad" Eintrittsgelder verlangt wurden. Abonnements gab es für Familien, für Mitglieder und Nichtmitglieder zu

Zwei Deidesheimerinnen im Schwimmbad um 1925

unterschiedlichen Preisen. Das große Becken wurde mit dem Wasser der Weinbach gefüllt. Der Überlauf floß dann in die „Wäschschüssel". Von 1897 an kam über die Wochenenden Wasser aus der Wasserleitung hinzu. 1910 erweiterte der Bürgermeister Dr. Ludwig von Bassermann-Jordan die Einrichtung auf seine privaten Kosten um ein „Licht-, Luft- und Sonnenbad", das auch mit Turngeräten versehen wurde. Da das Bad das erste Freibad in der Pfalz war, fand es großen Zulauf auch von außerhalb.

Nach der Inflation von 1923 war das Bad nicht mehr von dem Verein zu betreiben. Er schenkte es darum der Stadt Deidesheim. Die Schenkungsurkunde vom 24. März 1926 unterzeichneten der Vorsitzende Ernst Kimich und der Bürgermeister Dr. Arnold Siben. Für die ausstehenden Anteilscheine im Wert von 20 Mark erhielten die Anteilseigner noch 3,66 Mark.[44]

Natürlich wandte sich das Interesse wohlhabender Deidesheimer auch der Pfarrkirche zu, die dem Zeitgeschmack entsprechen sollte, und dieser wurde im 19. Jahrhundert durch die Hochschätzung des gotischen oder „altdeutschen" Stils bestimmt. So verwundert es nicht, daß die Altäre und die übrige barocke Ausstattung als „erbärmlich und geschmacklos" und nicht zum „edelen gothischen Style" der Kirche passend empfunden wurden. 1861 begann man eine Renovierung mit dem Abbruch der Altäre und mit dem Einbau einer neuen Kanzel, zweier Emporen und einer Orgel. 1864 stiftete Frau Josephine Buhl geborene Jordan in Erinnerung an ihren zwei Jahre zuvor verstorbenen Mann Franz Peter Buhl einen neuen Hochaltar, der bis 1963 in der Kirche stand. 1864 wurde auch ein neues Geläut von vier Glocken beschafft. Bei einer weiteren Renovierung in den neunziger Jahren des 19. Jahrhunderts wurden die Kirchenfenster unter Verwendung älterer Teile neu gestaltet und die geschnitzten Kreuzwegstationen angeschafft. Bei den Fenstern handelte es sich zumeist um Stiftungen von Deidesheimer Familien.

Das bekannte, viel fotografierte alte Rathaus von Deidesheim war bis zum Jahre 1912 in seinem Inneren recht kärglich ausgestattet. Das änderte sich, als der Reichsrat Franz von Buhl der Stadt aus dem Nachlaß seines Onkels, des Reichsrats Eugen von Buhl zwölf prächtig geschnitzte Stühle im Stil der Renaissance und drei ebensolche Tische schenkte. Zwölf kleinere Stühle kamen noch hinzu. Diese Schenkung war der Auftakt zu einer völligen Neugestaltung des Stadtratssaales, die dem Repräsentationsbedürfnis der kleinen, aber stolzen und wohlhabenden Stadt gerecht wurde. Man beauftragte den Münchener Architekten Hugo M. Roeckl, den Neffen und Schüler des damals renommierten Gabriel von Seidel, mit der Konzeption und der Durchführung der Arbeiten, die zu einer Gestaltung und Ausstattung des Saales „in einem modernen

Der 1864 von Josephine Buhl gestiftete Hochaltar blieb fast 100 Jahre lang in der Kirche.

Der 1912 im Neorenaissancestil eingerichtete Stadtratssaal

Renaissancestil" führten. Alle Arbeiten ließ Roeckl von bekannten Münchener Firmen ausführen. Das Feinste war also für Deidesheim gerade gut genug, und die führenden Deidesheimer Familien wetteiferten auch dieses Mal mit ihren Schenkungen. Dabei ging es nicht allein um die Innenarchitektur, den Kachelofen, die Glasmalereien und Gemälde, sondern auch um eine regelrechte Sammlung von Altertümern, die auf einem Wandbord und in Schauschränken aufgestellt wurden. Die Objekte dafür erwarb man im Antiquitätenhandel und auf Auktionen, zumeist in Frankfurt und in Straßburg, weil, wie der damalige Bürgermeister Dr. Ludwig Bassermann-Jordan beklagte, infolge der vielen Kriege, welche die Pfalz immer wieder überzogen hatten, kaum etwas an Originalstücken erhalten geblieben war. Der Bürgermeister berichtete darüber im „Pfälzischen Museum" und schloß seinen Bericht mit folgendem Satz: „Die Stadt Deidesheim aber kann sich dazu beglückwünschen, daß sie durch die Opferwilligkeit bewährter Wohltäter ein Werk aus einem einheitlichen künstlerischen Guß erhalten hat, das jeder Kritik standhält, das hoffentlich Generationen überdauert und das der uralten Stadt und ihres stimmungsvollen Rathauses würdig ist."[46]

Der Wunsch von Bassermann-Jordan hat sich bewahrheitet. Noch heute ist der Saal im alten Rathaus der schönste und beliebteste Repräsentationsraum in Deidesheim. Zugleich war der Saal das letzte größere Gemeinschaftswerk der vom damaligen Bürgermeister angeführten „Opferwilligkeit" der Deidesheimer Oberschicht. Der Erste Weltkrieg mit seinen Folgen, vor allem der Inflation, ließ solche Äußerungen edlen Bürgersinnes nicht mehr zu.

Politik aus Deidesheim

Bis fast in die Mitte des 20. Jahrhunderts stellten die Deidesheimer Gutsbesitzerfamilien immer den ehrenamtlichen Bürgermeister und den größten Teil der Stadträte. Die Zusammensetzung des Stadtrates spiegelte so natürlich nicht die Bevölkerungsstruktur wider. Als Beispiel sei einmal das Jahr 1908 herausgegriffen. Damals war der Gutsbesitzer Dr. Ludwig Bassermann-Jordan Bürgermeister. Von den zwanzig Stadträten waren allein neun Weingutsbesitzer, die damit weit überrepräsentiert waren. Als Winzer wurden sieben Stadträte bezeichnet. Einer war Weinhändler, die übrigen drei waren Rentner, Arzt und Lehrer. Obwohl nur etwa die Hälfte der Deidesheimer hauptberuflich mit dem Wein zu tun hatte, dominierte dieser Bevölkerungsteil den Rat bis lange nach dem Ersten Weltkrieg. Es fällt auf, daß 1908 kein einziger Vertreter dem Handwerk, dem Handel oder der Gastronomie angehörte, gar nicht zu reden von unselbständigen Berufen. Es gab immerhin um die hundert, wenn auch zumeist kleine Handwerksbetriebe und rund fünfzig Handelsgeschäfte.

Von den 1840-er Jahren an bis fast zum Ende der Monarchie kümmerten sich Angehörige einiger Gutsbesitzerfamilien sehr stark auch um überregionale Belange. Verständlich, daß sie in vielen Gremien mitwirkten, die den Weinbau betrafen, aber auch an der Landes-und Reichspolitik waren einige Deidesheimer maßgeblich beteiligt. Schon Andreas Jordan, der Begründer des pfälzischen Qualitätsweinbaus und Bürgermeister von 1819 bis 1834, saß von 1831 an vierzehn Jahre lang im bayerischen Landtag. Sein Sohn Ludwig Andreas, auch dieser zwischen 1848 und 1852 Bürgermeister, entfaltete noch viel stärkere politische Aktivitäten. Er war im Landtag von 1846 bis 1855 und von 1862 bis 1871. Danach ließ er sich für zehn Jahre in den Reichstag wählen. Den Platz im bayerischen Landtag hatte zwischen 1855 und 1862 sein Schwager Franz Peter Buhl eingenommen.

Bereits in den vierziger Jahren versammelten Ludwig Andreas Jordan und Franz Peter Buhl in ihren Häusern liberal und großdeutsch gesinnte Politiker zum „Deidesheimer Kreis", dessen Zusammensetzung allerdings wechselte. Zeitweise gehörten ihm Heinrich von Gagern, Adam von Itzstein, Karl Welcker, Georg Gottfried Gervinus, Karl Joseph Mittermaier, Friedrich Daniel Bassermann, Karl Mathy, Ludwig Häusser, Heinrich von Sybel und andere süddeutsche Liberale an.

Im März 1848 reisten Franz Peter Buhl und Ludwig Andreas Jordan nach Frankfurt zum Vorparlament. In der Paulskirchenversammlung saßen sie aber beide nicht, Jordan, weil er Bürgermeister in Deidesheim und bayerischer Landtagsabgeordneter bleiben wollte, Buhl, weil er nicht gewählt wurde.

In den Jahrzehnten nach der Revolution von 1849 bis zum Krieg von 1871 fand unter den pfälzischen und gerade auch unter den Deidesheimer Liberalen ein radikaler politischer Gesinnungswandel statt. Man war zunächst großdeutsch und gemäßigt liberal eingestellt. Franz Peter Buhl war Mitbegründer und Förderer der von dem Arzt Dr. Lukas Jäger seit 1850 herausgegebenen „Pfälzer Zeitung", die entsprechend ausgerichtet war. Ihre politische Gesinnung brachten die Deidesheimer Liberalen auch durch das Zeigen der schwarz-rot-goldenen Farben beim Besuch König Ludwigs 1852 zum Ausdruck.

Der „Deidesheimer Kreis" wandelte sich aber nach dem Bundeskrieg gegen Dänemark 1864 und schließlich endgültig 1866 zu Befürwortern der kleindeutschen Lösung und zu Anhängern Bismarcks. In der Pfalz hatte es zuvor Befürchtungen gegeben, daß Preußen französische Ansprüche auf das linke Rheinufer unterstützen könnte. Franz Armand Buhl und Fritz Eckel aus Deidesheim hatten mit anderen national gesinnten Männern aus der Pfalz, Rheinhessen und Rheinpreußen den „Verein zur Wahrung der Interessen des linken Rheinufers" gebildet. Bismarck trat aber den französischen Ansprüchen entschieden entgegen und brachte dadurch die pfälzischen Liberalen völlig auf seine Seite. Sie verfolgten fortan eine nationalliberale Politik. Als 1870 preußische Truppen durch die Pfalz kamen, wurden sie begeistert begrüßt. 1849 war vergessen. Aus Protest legte Dr. Lukas Jäger die Redaktion der „Pfälzer Zeitung" nieder.

Im Falle eines französischen Sieges hätte für Franz Peter Buhl die Gefahr einer Deportation bestanden[47]

Nach Begründung des Deutschen Reiches 1871 kamen mit dem sechzigjährigen Ludwig Andreas Jordan und seinem Neffen, dem erst dreiunddreißigjährigen Franz Armand Buhl, dem Sohn von Franz Peter Buhl, gleich zwei Deidesheimer Abgeordnete in den neugebildeten Reichstag. Jordan behielt sein Mandat bis 1881. Buhl war 1862 als Anhänger Bismarcks dem Deutschen Nationalverein beigetreten und gehörte im Reichstag bis 1893 der nationalliberalen Fraktion an. Drei Jahre lang war er Vizepräsident des Reichstags. 1877 bis 1885 war Franz Armand Buhl auch Mitglied des pfälzischen Landrats, die letzten drei Jahre als dessen Präsident. 1885 wurde er zum Reichsrat der Krone Bayerns und dadurch zum Mitglied des Münchener Herrenhauses berufen.

In Berlin kümmerte sich Buhl verständlicherweise um Weinbaugesetze, galt aber in seiner Fraktion auch als Sozialexperte. An der Bismarckschen Sozialgesetzgebung hatte er wesentlichen Anteil. Daneben nahm sich Buhl berufsständischer Fragen an und leitete viele Jahre lang den Deutschen Weinbauverein. Ein anderes Betätigungsfeld hatte Buhl in der Beteiligung an mehreren industriellen Unternehmen gefunden. Als er 1896 starb, verlor Deidesheim wohl seinen größten und reichsweit angesehensten politischen Kopf.[48]

*Franz Armand Buhl
nach einer Zeichnung von
Anton von Werner 1889*

Der dritte Reichstagsabgeordnete aus Deidesheim war Dr. Andreas Deinhard, der von 1898 bis 1903 in Berlin saß, wo er wie vor ihm Franz Armand Buhl an der Weingesetzgebung mitwirkte. Im bayerischen Landtag war Deinhard 23 Jahre lang.

Die Präsenz von Deidesheimer Abgeordneten im bayerischen Landesparlament war von 1831 bis 1923, also über 92 Jahre hinweg, nur einmal für vier Jahre (1871–1875) unterbrochen. Die Abgeordneten waren der Reihe nach Andreas Jordan (1831–45), Ludwig Andreas Jordan (1846–55 und 1862–71), Franz Peter Buhl (1856–62), Dr. Eugen von Buhl (1875–96), mit diesem viele Jahre gleichzeitig Dr. Andreas Deinhard (1881–1904), dann Dr. Julius Siben (1899–1907), Franz von Buhl (1907–11) und schließlich Josef Siben (1907–23).

Dr. Hanns Haberer, Politiker aus Deidesheim und Ehrenbürger

Gehörten die früheren Abgeordneten zumeist der nationalliberalen Richtung an, so waren die Brüder Siben, Weingutsbesitzer wie die übrigen auch, Angehörige des katholischen Zentrums. Dr. Julius Siben hatte bereits 1877 und weitere Male für diese Partei zum Reichstag kandidiert, allerdings ohne Erfolg. 1882 war er in Neustadt Mitbegründer der pfälzischen Zentrumspartei und übernahm für 25 Jahre den Vorsitz. Von 1894 bis 1904 war er auch Bürgermeister in Deidesheim. Bei vielen großen Katholikenversammlungen trat Dr. Julius Siben als Redner auf.[49]

Mit dem jüngeren Josef Siben schied 1923 der letzte Deidesheimer aus dem bayerischen Landtag aus. Nachdem nahezu hundert Jahre lang immer ein Deidesheimer sich in München für pfälzische und für Belange des Weinbaus eingesetzt hatte, war nun die Epoche der Politik nach „Gutsherrenart" zu Ende gegangen.

Erst nach 1945 kam unter völlig veränderten Verhältnissen ein Deidesheimer Einwohner wieder in die Landespolitik. Der aus Bruchmühlbach gebürtige Dr. Hanns Haberer, bis 1933 Chefredakteur der Duisburger Zentrumszeitung „Echo vom Niederrhein", war mit Berufsverbot belegt worden und betrieb darum während der Zeit des „Dritten Reiches" in Deidesheim, dem Heimatort seiner Frau, Weinbau. 1945 wurde er Mitbegründer der CDU und Landrat des Kreises Neustadt. 1946 und 1947 war er in der ersten Regierung des neugeschaffenen Landes Rheinland-Pfalz Wirtschafts- und Finanzminister, danach bis 1955 als Staatssekretär Chef der Staatskanzlei. Zu seinem 70. Geburtstag machte ihn die Stadt Deidesheim 1960 zu ihrem Ehrenbürger.

Deidesheim baut

Als Deidesheim 1395 durch König Wenzel mit dem Stadtrecht begabt wurde, hatte man dort schon längst mit dem Bau von Mauern und Türmen begonnen. Die Stadtanlage bezog das bereits vorhandene Schloß der Bischöfe von Speyer in die Gesamtbefestigung ein. Im Norden eröffnete das Wormser, im Süden das Landauer Tor den Zugang zur Stadt. Eine frühe Umgehungsstraße im Zuge Obere Hofstückstraße – Ringstraße – Leinhöhlweg – Grainweg ermöglichte die Passage auch bei geschlossenen Stadttoren. An dieser alten Straße steht auch der Bildstock von 1431.

In der Zeit nach 1818 beseitigte man die Stadttore mit ihren Zwingeranlagen und große Teile der Stadtmauer. An dieser entlang entstand auf der Innenseite eine kleinteilige Bebauung, die Stadtmauergasse, Grottenmauergasse und Spitalgasse. Anstelle der alten Toranlage schuf man im Süden den zu Ehren des bayerischen Königs Maximilian Joseph so benannten Königsgarten.

Die Stadtmauergasse um 1930

Das klassizistische Wohnhaus des Weingutes Julius Ferdinand Kimich um 1900

Das alte Netz der Straßen und Gassen blieb aber nahezu unverändert, was bis heute den Reiz des Deidesheimer Stadtbildes ausmacht. Es gab ehemals einige größere Adelshöfe in Deidesheim, die nach der Französischen Revolution in Privatbesitz übergingen und nach starken Zerstörungen von den neuen Besitzern wieder aufgebaut wurden. Hierzu gehören das Areal des fürstbischöflichen Schlosses, das an die Familie Goerg ging, dann das Anwesen Bassermann-Jordan, der ehemalige Ketschauer Hof, der zeitweise der Familie Siben gehörige frühere Dienheimer Hof, später Weingut Adolf Tiemann und der an die Familie Kimich versteigerte ehemalige Leyssersche Hof.[50]

An dieser Stelle sei auch der große Hubhof des Hochstiftes Speyer genannt, dessen erhaltene Bauten im wesentlichen aus dem 18. Jahrhundert stammen und der um die Mitte des 19. Jahrhunderts das Weingut Buhl aufnahm.

In der ersten Hälfte des 19. Jahrhunderts erstreckte sich die Bautätigkeit zunächst immer noch auf das innere Stadtgebiet, wo unter anderem einige stattliche Wohnhäuser von Weingutsbesitzern aus- oder neu aufgebaut wurden.

Zwei besonders schöne klassizistische Beispiele sind der Dienheimer Hof und das 1816 neu errichtete Wohnhaus des Weingutes Julius Ferdinand Kimich, beide mit zweiläufiger Freitreppe. Das zwischen 1830 und 1840 erbaute langgestreckte Wohnhaus des Weingutes Georg Siben präsentiert sich dagegen in einem völlig anderen, damals modernen Stil, der den roten Sandstein unverputzt ließ.

Wenn Friedrich Blaul 1838 schreibt, daß Deidesheim eine „beträchtliche Zahl" von Häusern hätte, die „selbst in einer großen Stadt an ihrem Platze wären", so ersieht man daraus, daß das Ortsbild schon damals wegen der älteren renovierten Adelshöfe und infolge der Bautätigkeit der Gutsbesitzer einen nicht gerade ländlichen Eindruck machte.[51] Nach der Überwindung der Folgen der Französischen Revolution und dem Übergang der Pfalz an Bayern hatte sich die Einführung des Qualitätsweinbaus längst segensreich ausgewirkt.

Der Autor Franz Weiss hält um 1855 die Häuser von Deidesheim und Forst für „palastähnlich" und meint damit einerseits die herrschaftlichen Stadthäuser, sicher aber bereits auch das eine oder andere neu entstandene Villenanwesen außerhalb des Weichbildes der mittelalterlichen Stadt.[52]

Bauten außerhalb der Stadtmauern hatte es zwar auch in früheren Jahrhunderten gelegentlich gegeben, doch blieb es bei Ausnahmen. So war schon im 17. Jahrhundert in der Gewann Hofstück die Ziegelscheuer oder Ziegelhütte entstanden, allerdings im Anfang des 19. Jahrhunderts aufgegeben worden. Auch ein Adelshof, der Bawyrsche Hof, stand von 1717 bis zur Französischen Revolution vor dem Wormser Tor. Von ihm ist nur das hübsche Gartenhäuschen an der Ecke zum Kaisergarten übriggeblieben, das historisch nicht korrekt als „Zollhäuschen" bezeichnet wird.

Ganz in der Nähe dieses Häuschens am nördlichen Ausgang der Stadt errichtete Friedrich Prosper Deinhard in den Jahren 1847 bis 1849 eine Villa mit den zugehörigen Wirtschaftsgebäuden um einen großen Hof gruppiert. Es war das erste derartige Anwesen in Deidesheim, dem später weitere folgen sollten, vor allem an der in den 1830-er Jahren neu angelegten Forster Straße, die zuvor dem Grainweg gefolgt war.

Der aus einer Koblenzer Weinhändlerfamilie stammende Friedrich Deinhard beschäftigte für das Bauvorhaben den Architekten Hermann Nebel aus seiner Heimatstadt, der übrigens zu dieser Zeit auch den Ketschauer Hof von Deinhards Schwager Ludwig Andreas Jordan umbaute und erweiterte. Deinhard war 1843 nach der Heirat mit Auguste Jordan nach Deidesheim gekommen und begründete 1849 sein eigenes Weingut. Durch die „Jordansche Teilung" nach dem Tod von Andreas Jordan (1848) unter dessen Kindern Ludwig Andreas, Josephine verheiratete Buhl und eben Auguste verheiratete Deinhard entstanden in Deidesheim drei der größten und bedeutendsten Weingüter der Pfalz.

Wohnhaus des Weingutes Dr. Deinhard im Festschmuck um 1905

Mit der Villa Deinhard, bis heute in Gestalt und Funktion fast unverändert, blieb ein einmaliges, intaktes Denkmal wohlhabenden pfälzischen Bürgertums erhalten.

In den Jahren um und nach 1840 wurde auch an anderen Stellen außerhalb des alten Weichbildes der Stadt gebaut, wenn auch nicht so feudal wie im vorbeschriebenen Fall. So war die Deichelgasse nach dem Durchbruch der Stadtmauer als Fortsetzung der Heumarktstraße nach Westen entstanden und bald mit einigen Häusern, zunächst auf der Nordseite bebaut worden. Auch am Stadtausgang nach Süden wurden mehrere Gebäude errichtet.

In all diesen Fällen handelte es sich um ein organisches Wachstum über die früher beengenden Stadtmauern hinaus. Anders verhielt es sich mit dem Stadtteil, der zunächst als „Kaftviertel", dann als Vorstadt und im Volksmund als „Gripsem" bezeichnet wurde. Auf den Stadtplänen aus der Zeit um 1830 befindet sich an der jahrhundertealten Kreuzung des vom Königsgarten durch die Kafthohl zur Gewann Kaft führenden Weges mit der alten westlichen Stadtumgehung, heute Kreuzung der Weinbergstraße mit der Oberen Hofstückstraße, nichts als die alte, damals nicht mehr betriebene Ziegelscheuer. Aber schon zehn Jahre später hatten sich dort herum, etwas unregelmäßig ver-

Kartenausschnitt von 1840, im Mittelpunkt die Kreuzung der heutigen Oberen Hofstückstraße mit der Weinbergstraße; die ehemalige Ziegelhütte war der Ausgangspunkt für einen neuen Stadtteil.

teilt, einige Häuschen gruppiert. Diese Gegend hatten die Bewunderer der Stadt Deidesheim sicher nicht besucht, denn noch 1845 führte nur ein schmaler und schlechter Weg dorthin. Den wollte die Gemeinde jetzt verbreitern und verschönern und erwarb darum laut Ratsprotokoll vom 27. Mai dieses Jahres von der Gutsbesitzerin Fräulein Barbara Spindler ein Grundstück. Im Zug des Weges sollte auch über den querenden Wasserlauf eine Brücke gebaut werden, weil er sonst bei höherem Wasserstand oder Eis nur schwer passierbar gewesen wäre. Auf diese Weise wurde nach der Vorstellung des Stadtrates der „neue Häuserbau im Kaftviertel zu einer Straße der Stadt". Das neue Viertel blieb aber noch lange räumlich und auch sozial isoliert, obwohl es ständig anwuchs. Als die Stadt Deidesheim 1867 ihre Straßen „im Hinblick auf den zugenommenen Fremden- u. Geschäfts-Verkehr", wie es im Ratsprotokoll heißt, mit den heute noch gültigen Namen versah, sparte man die Vorstadt aus. Erst 1888 wurden neben der Königsgartenstraße auch die dortigen Straßen benannt. Es gab dann die Kaftstraße (heute Weinbergstraße), die Hofstückstraße (Obere Hofstückstraße) und das Hofstückgäßchen (Untere Hofstückstraße). Der Stadtrat beschloß aber: „Das seither sogenannte Pfuhlgäßchen soll diese Benennung behalten." Es handelt sich dabei um die heutige Waldgasse, doch kennen die Deidesheimer durchaus noch das „Puhlgässel", wie ja auch die Bezeichnung „Gripsem" für das ganze Stadtviertel noch bekannt ist.

An der Ecke Obere und Untere Hofstückstraße um 1900

Um diese Zeit wurden endlich auch Baulinien für das ganze Gebiet zwischen Stadt und Vorstadt und für diese selbst festgelegt, so daß bis gegen 1900 der Abstand zwischen beiden baulich überbrückt war.

Inzwischen hatten sich noch andere Stadterweiterungen ergeben. 1865 war der Bahnhof Deidesheim eröffnet worden. Gleichzeitig hatte man die Bahnhofstraße als repräsentative Allee angelegt, die dann allmählich locker bebaut wurde. Eine zweite Allee aus dieser Zeit war die nach dem 1869 geborenen bayerischen Prinzen benannte Prinz-Rupprecht-Straße. Seit 1868 ist die Wassergasse bis zur Kirschgartenstraße durchgeführt, die damals freilich nur ein schmaler Feldweg war.

Ein neues Baugebiet entstand in den 1860-er Jahren in der Gewann Benn. Am 10. Januar 1866 beschloß der Stadtrat „wegen Mangels an Wohnungen in der Gemeinde Deidesheim .... in der Benn, dem Judenpfädchen entlang, einen Gemeindeweg anzulegen, und zwar zu dem Zwecke, um Bürgern von Deidesheim die Gelegenheit zu bieten, Bauplätze zu requirieren".

Um die neue Bennstraße (sie wurde 1867 so benannt) verwirklichen zu können, mußte ein dort schon stehendes „Wohnhäuschen" von der Stadt erworben und auf teilweisen Abbruch versteigert werden.

In einem Dankschreiben an das Bürgermeisteramt vom März 1866 begrüßten neun Bürger den Beschluß des Stadtrates und bekundeten ihre Absicht, dort zu bauen, „können auch hier selbst weniger bemittelte Leute mit geringeren Kosten, wie sonst nirgend in nächster Nähe der Stadt, ein Häuschen erbauen".

Die Vermessung, das „Alignement", wurde im Frühjahr 1866 vorgenommen.

Das Vorhaben wurde dadurch weiter vorangetrieben, daß der Stadtrat und Gutsbesitzer Heinrich Molitor und dessen Frau der Stadt ein größeres Grundstück zwischen dem Stadtgraben und dem Judenpfad schenkten, um dort Bauplätze auszuweisen. Den Erlös aus der Versteigerung der Bauplätze mußte die Stadt laut Schenkungsurkunde vom 7. August 1866 in eine Stiftung anlegen. In Erinnerung an ihre 1859 verstorbene Tante nannten die Stifter diese „Sophie Walther'sche Brautaussteuer-Stiftung". Aus ihr wurde bis 1922 alljährlich eine bedürftige und würdige Deidesheimerin zu ihrer Heirat bedacht.

Auf dem Gelände waren ursprünglich acht Hausplätze vorgesehen, doch wurden diese auf sieben, die heutigen Hausnummern Bennstraße 18 bis 30, reduziert, weil man noch einen Zugang zur inneren Stadt schaffen wollte.

52 Bürger befürworteten diesen „Durchbruch" in einem Schreiben an das Bürgermeisteramt vom 2. September 1866, doch ließ dessen Verwirklichung trotz wiederholten Anträgen noch zehn Jahre auf sich warten. Auch hier mußte ein Haus erworben und abgebrochen und eine Brücke über den Stadtgraben gebaut werden. Diese Maßnahmen stellte der Stadtrat immer wieder zurück,

so daß die Bewohner der neuen Bennstraße vom direkten Zugang zur Innenstadt so lange abgeschnitten waren, bis 1876 endlich der „Durchbruch zur Pfarrgasse zustande kam.

Auch das Stadtinnere wurde durch Neubauten bereichert. 1852 baute die kleine jüdische Gemeinde ihre heut noch stehende Synagoge an der Bahnhofstraße. Die evangelische Kirche in der Weedgasse entstand 1875 durch den Umbau einer Scheune. Der Turm wurde 1891 hinzugefügt. Die Lesegesellschaft bezog 1887 ihr stattliches Gesellschaftshaus, das „Casino", an der Prinz-Rupprecht-Straße, um nur diese drei Beispiele anzuführen.

Auffallend aber waren die insbesondere am nördlichen Stadtrand in der zweiten Hälfte des 19. Jahrhunderts erbauten aufwendigen Villen verschiedener Weingutsbesitzer, die aus ihren ihnen beengt erscheinenden Stadtanwesen hinausstrebten. Den Anfang dazu hatte 1849, wie schon berichtet, Friedrich Deinhard gemacht. Ihm folgte sehr bald sein Nachbar Eckel. In den siebziger Jahren kamen Bauten in der Niederkircher Straße hinzu, so 1879 von Adam Biffar.

Die nun zeitlich folgende, vom Historismus bestimmte Villenarchitektur zeichnet sich durch die Verwendung von Stilelementen der deutschen und italienischen Renaissance, in der Innengestaltung auch durch barockisierende Zierformen aus. Andreas Julius Gießen erbaute sein Wohnhaus mit dem markanten Türmchen und den zugehörigen Wirtschaftsgebäuden 1886 bis 1889. Die Villa von Josef Biffar entstand 1898, etwa gleichzeitig mit dem großzügigen Bau von Georg Siben an der Niederkircher Straße. Das bei weitem auf-

Die repräsentativen Häuser der Weingutsbesitzer und Fabrikanten Biffar von 1879 und 1898

Villa des Weingutsbesitzers und Politikers Franz Peter Buhl, 1890 im Stil der italienischen Renaissance erbaut, rechts die Villa Eckel

wendigste derartige Bauwerk, das auch über Deidesheim hinaus, etwa in Architekturzeitschriften, Beachtung fand, ließ Franz Peter Buhl um 1890 errichten. Zu all diesen Villen gehörten natürlich Nebengebäude und Gartenanlagen. Nach 1900 entstanden in Deidesheim keine derartigen Anwesen mehr.[53]

Spätestens mit dem Ersten Weltkrieg war in der baulichen Entwicklung Deidesheims ein gewisser Abschluß erreicht. Der Krieg mit seinen Folgen, die französische Besatzung, die Inflation, die nachfolgende Arbeitslosigkeit und manches andere verhinderten Bautätigkeiten größeren Umfangs. Außerdem befand sich der Weinbau in Absatzschwierigkeiten, so daß auch die früheren baulichen Aktivitäten der Weingutsbesitzer weitgehend erlahmt waren. Zwar gab es immer Wohnungssuchende, aber der Bedarf wurde nur zögernd durch Um- und Ausbauten und wenige Neubauten erfüllt. Eigentliche Neubaugebiete gab es nicht. Das blieb so bis einige Jahre nach dem Zweiten Weltkrieg. Als sich die Lage nach der Währungsreform 1948 zu bessern begann, setzte eine immer lebhafter werdende Bautätigkeit ein. Die Nachfrage nach Wohnraum war in dieser Zeit besonders stark, weil der Stadt auch Heimatvertriebene zur Unterbringung zugewiesen wurden. Der St. Martinsweg im Nordosten der

Stadt wurde damals angelegt. Ansonsten wurde die Stadt mit Wohnstraßen im Anschluß an die bestehende Bebauung vor allem nach Westen bis in die ansteigenden Weinlagen hin erweitert. In der Weinbachstraße und der Berliner Straße fand die Erweiterung um 1970 herum ihren wesentlichen Abschluß. Um diese Zeit war klar geworden, daß die Stadt keinesfalls weiter im Westen ausgedehnt werden durfte, ohne daß man dadurch beste Weinlagen vernichtete. Am 4. Dezember 1978 wurde nach langen Vorarbeiten ein Flächennutzungsplan beschlossen, der auch die bauliche Entwicklung steuern soll. So mußte, wollte man weiterem Bedarf gerecht werden, der Sprung über die Bahnlinie nach Osten gemacht werden, was man bis dahin fast ganz vermieden hatte. Hier ging es dann aber nicht mehr allein um Wohnungsbau, sondern auch um Schule, Kindergarten und Sportanlagen bis hin zur 1993 eingeweihten großen „Halle für Sport und Spiel". Nach dem bis dahin fast ausschließlich betriebenen Bau von Einfamilienhäusern entstanden hier auch einige größere Wohnblöcke.

War der organische Zusammenhang früherer Baugebiete mit der Kernstadt immer vorhanden, so läßt sich das von der Osterweiterung nicht mehr sagen.

Die Innenstadt litt bis 1999 unter dem starken Durchgangsverkehr der B 271, die nunmehr nach sehr langer Vorlaufzeit zwar den Durchgangsverkehr in einem eleganten Bogen an Deidesheim vorbeiführt, aber doch nur eine Teilentlastung gebracht hat.

Eine Gefahr, die alle historischen Ortsbilder bedroht, ist die Überformung und Überfremdung durch unsachgemäße Umbauten, Ladeneinbauten, Fassadenveränderungen, Werbeanlagen und dergleichen. Die Stadt Deidesheim versucht der Gefahr durch Gestaltungsrichtlinien zu begegnen. Seit 1981 liegen diese in Form einer „Planungs- und Gestaltungsfibel" vor. 1991 wurde der alte Stadtkern in seiner Gesamtheit zur Denkmalzone erklärt.

Reizvoll ist, daß auch innerhalb des bebauten Stadtgebietes immer noch kleinere Weingärten liegen. Diese möchte die Stadt nach Möglichkeit erhalten, um so den Charakter von Deidesheim als bedeutender Weinbaugemeinde zu dokumentieren.

Ortsverschönerung und Fremdenverkehr

Die bürgerliche Oberschicht von Deidesheim pflegte schon früh vielerlei Beziehungen nach außerhalb. Diese waren einmal geschäftlicher Natur, denn der wertvolle Wein mußte seine Abnehmer finden, zum anderen beruhten die überlokalen Verbindungen auch auf den weitergehenden politischen Interessen, die viele Mitglieder der Weinaristokratie mit bedeutenden Persönlichkeiten aus ganz Deutschland teilten. Dadurch kam es schon in der ersten Hälfte des 19. Jahrhunderts zu einem regen Besuchsverkehr. Geschäftsfreunde, Politiker, aber auch Wissenschaftler und Künstler kehrten bei den angesehensten Familien Deidesheims oft für längere Zeit ein. Natürlich gab es umgekehrt auch Gegenbesuche.

Manchmal kamen Angehörige befreundeter Familien zu längeren Aufenthalten nach Deidesheim. Da veranstaltete man dann Teegesellschaften, Soupers, kleine Konzerte und Ausflüge in die Umgebung. Wenn im Herbst 1867 Clotilde Koch-Gontard aus Frankfurt zu ihrer Freundin Josephine Buhl reiste, um in Deidesheim eine Traubenkur zu machen, so war das vermutlich kein einmaliger Fall. Das nahegelegene Dürkheim war schon viel früher für solche Kuren bekannt. Als weiteres Beispiel unter vielen sei der bekannte Schriftsteller Karl May genannt, der sich 1897 mit seiner Gattin Emma zwei Wochen lang bei dem mit ihm befreundeten Weingutsbesitzer Emil Seyler und seiner Familie aufhielt.

Man wird in diesen Besuchen die Anfänge des Fremdenverkehrs in Deidesheim erblicken dürfen.

Ansonsten war die Pfalz um die Mitte des 19. Jahrhunderts noch längst nicht so besucht, wie sie es nach Meinung von August Becker, dem Klassiker der pfälzischen Reiseliteratur, verdient gehabt hätte. Die mit der Romantik einsetzende Rheinbegeisterung bezog sich auf den Mittelrhein und hatte die Pfalz kaum berührt. Nun aber, Beckers Buch „Die Pfalz und die Pfälzer" erschien 1858, richtete sich die Pfalz „darauf ein, das große Stelldichein der Touristenwelt zu werden".[54] Wird heute manchmal für die pfälzische Weingegend der nicht unbedingt passende Vergleich mit der Toskana gebraucht, so war es damals derjenige mit der Lombardei. Was nach Beckers Meinung diese Landschaft vor den meisten deutschen Gegenden, besonders aber vor Altbayern auszeichnete, war „die edle Gastfreundschaft", die sich vor allem zur Zeit der Weinlese bewährte. Deidesheim nennt Becker „ein schönes Städtchen voll stattlicher Häuser" und weist auf das Silbertal, das Forsthaus Rotsteig und das Lambertskreuz als Ausflugsziele hin, ebenso auf die Ruine der Michaelskapelle und die Heidenlöcher. Naturwissenschaftlich Interessierten empfiehlt Becker einen Besuch der reichen botanischen Sammlungen des Deidesheimer

Spitalarztes Dr. Carl Heinrich Schultz, des Vorsitzenden des Naturhistorischen Vereins der Pfalz.[55]

Eine frühe Maßnahme zur Ortsverschönerung war 1851 die Errichtung des Andreasbrunnens auf dem Deidesheimer Marktplatz.

Auch in der Zukunft gab es immer wieder das Engagement wohlhabender Deidesheimer für die Verschönerung des Stadtbildes und der Umgebung. Diese Bestrebungen wurden gebündelt in dem am 2. März 1860 gegründeten Verschönerungsverein. Solche Vereine entstanden in den sechziger Jahren des 19. Jahrhunderts besonders in den Orten, in denen der Fremdenverkehr seine erste Blütezeit erlebte. Wie alle derartigen Vereine nannte auch der Deidesheimer als seinen Vereinszweck die Anlage und die Verbesserung von Spaziergängen, die Verschönerung öffentlicher Plätze und die Pflege von Baudenkmälern.[56] Als Deidesheim 1865 Bahnstation wurde, sorgte der Verein für die Bepflanzung zweier Alleen vom Bahnhof in die Stadt. 1891 errichtete er den ersten hölzernen Aussichtsturm auf dem Eckkopf. Nach einer zeitweiligen Unterbrechung wurde am 1. Februar 1895 wiederum und noch einmal 1906 der Verschönerungsverein neu gegründet. Bis zum Ersten Weltkrieg hatte er dann Bestand. In dieser Zeit erbaute der Verein den Weinturm am Eingang in das Mühltal, im Volksmund „Kracke Fritz" genannt, der gegen Ende des Zweiten Weltkrieges zusammengeschossen wurde.

Der vor dem Ersten Weltkrieg errichtete Weinturm „Kracke Fritz" wurde 1945 zerstört.

Wandergruppe des Pfälzerwald-Vereins um 1912 vor dem Wasserreservoir bei der 1958 abgerissenen Wappenschmiede im Gimmeldinger Tal

Natürlich war der Wein immer ein wichtiges Motiv, etwa von Mannheim aus, Deidesheim zu besuchen. Daneben bildeten die Besichtigung von Altertümern wie die der Heidenlöcher, die Geißbockversteigerung am Pfingstdienstag und die Herbstschlußfeste mit ihren Umzügen besondere Attraktionen.

Um die Jahrhundertwende erschien das Wandern immer wichtiger. Diesem Bedürfnis kam der Pfälzerwaldverein entgegen, dessen Deidesheimer Ortsgruppe 1906 gegründet wurde. Neben der Anlage und der Markierung von Wanderwegen, der Erbauung von Aussichtstürmen und Schutzhütten wollte der Verein auch die heimische Gastronomie fördern. Schon vor der Gründung der Deidesheimer Ortsgruppe hatte der Hauptverein des Pfälzerwaldvereins in Ludwigshafen die Aussichtswarte auf dem Stabenberg errichtet und im September 1904 eingeweiht. Die Ortsgruppe Deidesheim konzentrierte sich zunächst auf die Erbauung eines Hauses beim Eckkopfturm, das aber nicht zustande kam. Der erste dort erbaute Aussichtsturm wurde 1920 von einem Sturm umgeworfen. Der zweite, 1973 aufgestellte fiel schon im Januar 1975 einer Brandstiftung zum Opfer. Aber bereits im Juli des selben Jahres wurde der jetzige Turm in einer stabilen Stahlkonstruktion aufgebaut. Die zugehörige Hütte wird an den Wochenenden von den Vereinen der Verbandsgemeinde Deidesheim im Wechsel bewirtschaftet.

Im Rückblick wird deutlich, daß die Besucher von Deidesheim und Umgebung zum allergrößten Teil Tagesgäste waren. Das ist bis heute nicht viel anders geworden, wenn auch in neuerer Zeit die Zahl der länger hier Verweilenden zugenommen hat.

Dr. Ludwig Bassermann-Jordan, der Deidesheimer Bürgermeister von 1904 bis 1914, machte in seiner Amtszeit Aufzeichnungen für einen „Historischen Führer von Deidesheim", der aber nicht gedruckt wurde.[57] Aus dieser Hinterlassenschaft läßt sich sehr schön erkennen, was vor dem Ersten Weltkrieg aus Deidesheimer Sicht für Fremde interessant erschien.

Die Stadt hatte 1905 eine Einwohnerzahl von 2692 mit abnehmender Tendenz. Im Jahre 1900 waren es 2808, 1910 aber nur noch 2551 gewesen. Deidesheim war die Bahnstation auch für Forst und Ruppertsberg. Was den Bahnhof, vielleicht auch für Reisende, eindrucksvoll machte, waren große Lager von Stalldünger in seiner Nachbarschaft. Dieser Dünger wurde von den Gutsbesitzern aus größeren Städten wie Kaiserslautern für ihre Weinberge bezogen, jährlich in einem Wert von bis zu 120 000 Mark. Bassermann-Jordan zählt dann verschiedene Bildungseinrichtungen, wie die Jordansche Fortbildungsschule und die Fachzeichenschule, auf und erwähnt, daß es seit 1896 elektrische Beleuchtung gäbe. Auch über die Geschichte der Wasserleitung wird berichtet. Wichtig erscheinen die „Gedeckte Reitbahn" und das Schwimmbad. Im Hospital waren sogar öffentliche Wannenbäder für 50 Pfennige zu haben.

Die Viehzählung von 1904 hatte 58 Pferde, 265 Stück Rindvieh, 2 Schafe, 237 Schweine und 254 Ziegen ergeben.

Bassermann-Jordan kommt dann auf kirchliche Angelegenheiten zu sprechen. Wir halten uns bei der Darstellung ungefähr an seine Reihenfolge. Er weist auf den geschnitzten Hochaltar in der Pfarrkirche St. Ulrich hin, eine Stiftung von Josephine Buhl geborene Jordan aus dem Jahr 1864 und auf die Kirchenrenovierungen im neugotischen Stil der Jahre 1862 und 1891/92, für die der Kirche viele Stiftungen zugewandt wurden. Zur Wiederherstellung der Michaelskapelle waren 1909 schon 33 000 Mark angesammelt, doch wollten das Bürgermeisteramt und das Pfarramt gerne weitere Beträge entgegennehmen.

Sehr ausführlich geht der Deidesheimer Bürgermeister auf die Heidenlöcher ein, die zwar schon 1827 durch Ludwig Schandein beschrieben und kartographisch aufgenommen wurden, aber im 19. Jahrhundert nicht sehr fürsorglich behandelt worden waren. Für die neueren Ausgrabungen der Jahre 1907 und 1908 durch Friedrich Sprater hatte Bassermann-Jordan die Mittel aus seinem Verwandten- und Freundeskreis aufgebracht. Ihn freute, daß viele Besucher zu den Heidenlöchern strömten und ganz besonders, daß sich bedeutende deutsche Archäologen dafür interessierten. Seine Annahme, es handle sich dabei um ein keltisches Oppidum, hat sich nicht bestätigt.

Natürlich kommt Bassermann-Jordan gründlich und sachkundig auf den Weinbau zu sprechen und dann auch auf die Deidesheimer Gasthöfe, die er alle zwölf aufzählt. Die Kanne war darunter, der Adler, der Weinberg, der Bayerische Hof, um einige größere zu nennen, und auch die Gaststätte des Winzervereins. In diesem Zusammenhang merkt der Autor an: „Von dem trübsinnigen Antialkoholismus ist hier nichts zu spüren, dafür ist Frohsinn und Stimmung desto köstlicher hier, welche beide unschätzbare Blumen, die unserem Dasein Reiz verleihen, auf Wasserboden eben nicht gedeihen wollen."

Als Festtermine mit großem Zustrom von Fremden nennt der Verfasser die Geißbockversteigerung und den „dreitägigen Deidesheimer Markt im November".

Um Maßnahmen zur Hebung des Fremdenverkehrs bemühten sich der Verschönerungsverein und der Pfälzerwaldverein, die beide im Hotel zur Kanne ihre Anlaufstelle hatten. Bassermann-Jordan freut sich, daß durch den Pfälzerwaldverein auch die Frauen in die Natur geführt würden: „Besonders die Damen wurden früher unter Luftabschluß gehalten und verdarben sich mit Handarbeit die Augen!"

Da nicht alle Gäste stramme Wanderer waren, kam man ihnen mit der Anlage schattiger Spazierwege entgegen. So wurde zur Talmühle hin eine Allee mit nahezu 700 ganz verschiedenen Bäumen und vielerlei Sträuchern angelegt. Eine Mandelallee ging zum Sensental. Auch Bemühungen um den Vogelschutz erschienen erwähnenswert.

In der ersten Hälfte des 20. Jahrhunderts war in den Adreßbüchern von Neustadt immer auch Deidesheim enthalten. Dort finden sich unter anderem Angaben über den Obstbaumbestand, was für den Fremdenverkehr nicht ganz uninteressant war. 1907 waren von den 16056 fruchttragenden Bäumen in Deidesheim 30 Feigenbäume. Frühere Angaben über deren Zahl finden sich nicht, aber künftig sollten sie immer zahlreicher und wichtiger werden. 1913 waren es bereits 96. Damit konnte man Werbung betreiben. Später hat man die Feigenbäume nicht mehr gezählt, dafür aber die „Feigengasse", die Deichelgasse, als große Sehenswürdigkeit der Pfalz angepriesen.

Ein Fremdenverkehrsprospekt von 1930, den der vier Jahre zuvor gegründete Verkehrsverein herausgegeben hatte, bezeichnet Deidesheim als „das Paradies in der sonnigen Pfalz am Rhein", ein Werbewort, das in neuester Zeit in ähnlicher Form wieder aufgenommen wurde. Stichworte waren damals: Mandelbäume, Feigen, Edelkastanien, Pfirsiche, Aprikosen, Wein, Geißbockversteigerung. In einem Faltblatt von 1938 werden neben der Bedeutung des Weinbaus die Sehenswürdigkeiten im Stadtbild hervorgehoben. Außer von den schon hinreichend bekannten Mandeln, Feigen und Edelkastanien lesen wir auch von Oliven-, Maulbeer- und Ginkgobäumen sowie vom Anbau von Paprika.

Die „Feigenallee" in der Deichelgasse um 1938

Die Gästezahlen zwischen den beiden Weltkriegen waren sehr schwankend. 1922 konnten 3981 Übernachtungen registriert werden, doch gingen die Zahlen nach Inflation und Wirtschaftskrise stark zurück. Die nach 1933 einsetzenden „Kraft durch Freude"-Fahrten brachten wieder einen Anstieg, so daß es Deidesheim 1936 auf den Vorkriegsrekord von 5152 Übernachtungen brachte. Die Zahl der Tagesausflügler betrug damals um die 60 000.

Aus den dreißiger Jahren ist von einer Maßnahme zu berichten, die zunächst ohne große Kosten in erstaunlich kurzer Zeit bewerkstelligt wurde und deren Wirkung bis heute anhält, nämlich die Schaffung der Deutschen Weinstraße im Jahre 1935. Am 19. Oktober dieses Jahres wurde sie von dem damaligen NS-Gauleiter Josef Bürckel mit einem Festakt in Bad Dürkheim eröffnet, dem am nächsten Tag, einem Sonntag, die spektakuläre Eröffnungsfahrt mit 300 Fahrzeugen von Schweigen nach Kleinbockenheim folgte.[58]

Die Idee einer Deutschen Weinstraße war zwar schon früher ins Gespräch gebracht worden, so auch von Dr. Friedrich Armand von Bassermann-Jordan, aber nur der Gauleiter verfügte über die Machtmittel, die Idee in kurzer Zeit umzusetzen.

Man versah einfach den Straßenzug, der die meisten Weinbaugemeinden entlang der Haardt miteinander verband, mit dem Gesamtnamen „Deutsche Weinstraße" und ordnete an, daß die Durchfahrten innerhalb der Ortschaften in „Weinstraße" umzubenennen seien. Die Deidesheimer Hauptstraße verlor dadurch ihre Benennung nach dem Gauleiter Josef Bürckel. Die Orte selbst konnten künftig den Zusatz „an der Weinstraße" führen. Am 10. Oktober 1935 fand eine Besichtigungsfahrt auf der vorgesehenen Strecke statt, woraufhin einige schlechte Straßenstücke sofort ausgebessert wurden, damit die Eröffnungsfahrt zehn Tage später reibungslos vonstatten gehen konnte.

Der Eröffnungssonntag war zugleich in ganz Deutschland „Fest der deutschen Traube und des Weines". Dieses wurde auch in den folgenden Jahren begangen.

In Deidesheim wurde der Gauleiter mit seinem Troß am Nachmittag des 20. Oktober 1935 vom vollzählig versammelten Gemeinderat und vielen Deidesheimern empfangen, die sich damals über alles freuten, was für den Wein Werbung machte, denn der Absatz stockte, und die Ernten der beiden letzten Jahre waren reichlich gewesen.[59]

Die von dem Lehrer, Ortskulturwart und Geschäftsführer des Verkehrsvereins Friedrich Keilhauer ad hoc gegründete Deidesheimer Trachtengruppe trat zu diesem Anlaß erstmals auf.

NS-Gauleiter Josef Bürckel und Bürgermeister Friedrich Eckel-Sellmayr bei der Eröffnung der Deutschen Weinstraße

Der aufsehenerregenden Inszenierung der Deutschen Weinstraße folgten eine ganze Reihe von Ergänzungsvorhaben, die allerdings nur zu einem kleineren Teil verwirklicht wurden. Die Abteilung Volkskunst der Pfälzischen Landesgewerbeanstalt Kaiserslautern entwarf eine einheitliche Beschilderung, die so aber nicht zustande kam. Störende Reklameschilder wurden entfernt, Blumenschmuck angebracht.

Das Deutsche Weintor bei Schweigen wurde ein Jahr nach der Weinstraße eingeweiht. Auch aus diesem Anlaß fand eine Werbefahrt mit dem Gauleiter statt. Zu dessen Empfang hatte der Deidesheimer Bürgermeister Friedrich Eckel-Sellmayr dieses Mal sogar ein Mundartgedicht verfaßt, in dem er die Weine von Deidesheim und Umgebung über alle anderen stellte, so etwa

> „In Deisem stehen d'r zur Wahl
> Grai(n), Lei(n)höhl, Kieselberg un Tal.
> Hoscht's nit gewisst – jetzt werscht's wisse,
> Wann'd Deis'mer trinkscht, kannscht Mosel misse!
>
> Jetzt bischt am Enn der Himmelsleiter,
> In Forscht geht's werklich nimmi weiter,
> Schun hörscht im Himmel Engel preise
> Die Wei(n) vun Forscht un die vun Deise(m)."

Dieser Ausschnitt wäre genug, hätte Eckel-Sellmayr nicht noch dem Gauleiter einen Schlußvers angehängt. Der lautete dann so:

> „Herr Gauleiter derf ich's waage,
> Eich ebbes dorch die Blum zu frage?
> Kriegt Deisem aach was vun de 30 Mill Monete?
> So e(n) paar dausend, meen ich, wären schun vun Nöte!
> Wann aach so mancher nit sei(n) Häusel
> Schee(n) frisch getinchert hot mit Weisel,
> Do fehlt halt's Geld – Geld is do alles –
> Dort wu kenn's is, regiert de Dalles!
> Un wenn De nor ee(n) Aag drickscht zu,
> Do siehscht De grad die Hälft devu(n)."

Dieser Vers spielt an auf die Ortsverschönerungsvorschläge, die eine Kommission im Februar 1936 gemacht hatte und die nach Aussage des Gauleiters notfalls auch zwangsweise durchgesetzt werden sollten. Für einen Wettbewerb hatte der Gauleiter die angeführten 30 000 Reichsmark ausgesetzt. Nur hatten tatsächlich viele kleine Hausbesitzer nicht die Mittel, ihre Häuser zu renovieren.

Entwürfe der Abteilung Volkskunst der Pfälzischen Landesgewerbeanstalt Kaiserslautern zur Beschilderung der Deutschen Weinstraße

Im Januar 1937 erschien ein Aufruf zur Pflanzung von Hausreben unter der Überschrift „An jedem Haus eine Rebe!" Darin gab es Anweisungen zum Schmuck der Deutschen Weinstraße und zur Wahl der richtigen Traubensorten. Die erforderlichen Reben mußten die Bürgermeister für ihre Orte in der Wein- und Obstbauschule Neustadt bestellen.

Manche der damaligen Aktionen wirken bis heute nach, nicht so die seinerzeit stark forcierten Weinpatenschaften, die aber zunächst sehr erfolgreich waren. Deidesheim wurden 1936 dafür Celle, Kaiserslautern und Merzig zugeteilt.[60]

Heute ist die Deutsche Weinstraße ein Begriff, der nicht nur den Straßenzug benennt, sondern sich auch als Landschaftsbezeichnung analog zur uralten Bergstraße auf der gegenüberliegenden Rheinseite durchgesetzt hat. Sie ist ein wichtiges Kennwort für den Fremdenverkehr, der hier ja schon immer in enger Beziehung zum Weinbau stand.

Das meiste von dem, was dem Gast in der Vorkriegszeit empfohlen wurde, taucht in den Fremdenverkehrsbroschüren der Gegenwart natürlich auch noch auf. Da nur zur Zeit der Baumblüte und im Herbst alle Quartiere ausgebucht sind, ist das städtische Verkehrsamt, das in den sechziger Jahren den Verkehrsverein ersetzt hatte und neuerdings Tourist Service GmbH heißt, bestrebt, die übrige Zeit durch entsprechende Angebote attraktiv zu machen.

Man wirbt nicht mehr allein für die Stadt oder die Verbandsgemeinde, sondern für die „Urlaubsregion Deidesheim – das andere Paradies". Da ist nun die ganze Umgebung mit ihren Möglichkeiten und Sehenswürdigkeiten einbegriffen, und Deidesheim steht im Mittelpunkt. Natürlich läßt man sich nicht den Werbeeffekt hoher Staatsbesuche entgehen. Neben dem Kulinarischen, dem Wein und den Festen wird das kulturelle Angebot besonders hervorgehoben. Da gibt es ein achtbares Programm an Konzerten, Theater, Kabarett und Kunstausstellungen. Ortsansässige Künstler und Kunsthandwerker werden vorgestellt. Ausdrücklich erwähnt sei das seit einigen Jahren regelmäßig stattfindende „Töpferforum".

Hierher gehören auch die Deidesheimer Museen. Als erstes wurde bereits 1971 das Museum für moderne Keramik eröffnet. Es beruhte auf der Privatsammlung von Jakob Wilhelm Hinder. Gegenwärtig führt Lotte Reimers, selbst eine bedeutende Keramikkünstlerin, die Tradition mit jährlichen Sonderausstellungen fort.

Das Museum für Film- und Fototechnik wurde 1990 eröffnet. Hilfe dazu boten die Stadt Deidesheim und die über 500 Jahre alte Spitalstiftung, in deren vorbildlich sanierten Räumen die Sammlung untergebracht ist. Ein schon 1982 gegründeter Trägerverein ist der eigentliche Betreiber des Museums. Gezeigt werden Foto- und Filmgeräte von der Laterna Magica bis zur modernen Fernsehkamera, eine großartige Entwicklungsgeschichte der Fototechnik anhand von über 2000 Ausstellungsstücken. Grundstock des Museumsbestandes bildete die Sammlung von Dr. Wolfgang Immel. Weitere private Sammlungen und viele Leihgaben kamen hinzu.

An prominenter Stelle, im historischen Rathaus, ist das Museum für Weinkultur seit 1986 der Öffentlichkeit zugänglich. Auch dort locken Sonderausstellungen das Publikum an. Die Finanzierung des Museums erfolgt auf originelle Weise. Neben den Eintrittsgeldern lebt sie vor allem von der Rebstockpacht. In der Lage Paradiesgarten betreibt die Stadt Deidesheim einen 1981 angelegten Weinberg, dessen Rebstöcke sie einzeln an prominente Persönlichkeiten aus Politik, Kultur, Wirtschaft und Medien verpachtet. Inzwischen sind es mehr als 120. Unter den Rebstockpächtern sind wirklich große Namen: Margret Thatcher, John Major, Michail Gorbatschow, Boris Jelzin, Richard von Weizäker, Helmut Kohl.

Jeder Pächter erhält als Gegenleistung für seine Zahlung jährlich eine Flasche Wein von „seinem" Rebstock. Zur Weinlese mit anschließendem Vesper wird er eingeladen, ebenso zu einer „Weinkulturellen Veranstaltung" am St. Urbanstag (25. Mai). Die dabei gehaltenen Vorträge werden gedruckt und im Museum verkauft.

Eine andere Art literarischer Erzeugnisse stammt von den Deidesheimer Turmschreibern. Seit 1978 beruft Deidesheim, seit 1992 ist es die eigens dafür mit Unterstützung des Mainzer Kultusministeriums gegründete „Stiftung zur Förderung der Literatur in der Pfalz", alle paar Jahre einen bekannten Literaten als Turmschreiber. Acht waren es bis jetzt: Wolfgang Altendorf, Rudolf Hagelstange, Ludwig Harig, Herbert Heckmann, Walter Helmut Fritz, Manuel Thomas, Hans-Martin Gauger, André Weckmann. Ein neunter, Erich Loest, der auf Herbert Heckmann gefolgt war, schied vorzeitig aus seinem Vertrag aus. Die Turmschreiber sollen sich wenigstens vier Wochen in Deidesheim aufhalten, bekommen außer freier Unterkunft ein Honorar von 15 000 DM und täglich zwei Liter Deputatswein. Sie residieren, eher symbolisch, in einem kleinen Turm am ehemaligen Schloßgraben. Abliefern sollen die Literaten ein Werk, das auf die Pfalz oder Deidesheim bezogen ist, eine niveauvolle Werbung für Deidesheim.

1964 erhielt Deidesheim die staatliche Anerkennung als „Erholungsort", 1968 wurde es „Luftkurort", ein Prädikat, das an der Deutschen Weinstraße nur noch Edenkoben zukommt. Dabei waren die Anfänge nach dem Krieg sehr bescheiden. 1950 gab es 899 Gästeübernachtungen, 1960 waren es 12 000 und wiederum zehn Jahre später mehr als 60 000. Der rasante Aufstieg war vor allem der Eröffnung des Hotels „Reichsrat von Buhl" und des Haardthotels zu verdanken. Die 100 000 Übernachtungen wurden erstmals 1986 überschritten. Der vorläufige Höhepunkt war 1992 mit 143 000 erreicht. Seither sind die Zahlen, wohl infolge der Schließung des Haardthotels, vorübergehend leicht rückläufig gewesen, ziehen aber in letzten Jahren wieder an. Hierzu mag das 1994 eröffnete Steigenberger Maxx-Hotel beitragen. Die Bettenkapazität in Hotels, Pensionen und Privatquartieren lag 1954 erst bei 55, 1969 aber schon bei 420. Heute stehen über 800 Betten zur Verfügung.

Nach Auskunft der Tourist-Information Deidesheim wird durch den Übernachtungstourismus eine Nettowertschöpfung von etwa 11 Millionen DM erzielt. Hinzu kommen jährlich noch einmal rund 600 000 Tagesgäste, die eine Nettowertschöpfung von etwa 10 Millionen DM hervorbringen.

Neben dem Weinbau ist also der Fremdenverkehr der wichtigste Wirtschaftsfaktor in Deidesheim. Er sichert rund 30% des städtischen Haushalts und mehr als 300 Arbeitsplätze.

Die im 19. Jahrhundert begonnenen Bemühungen um die Verschönerung des Ortsbildes haben in Deidesheim bis heute nicht nachgelassen. 1981 wurden sie mit einer Goldmedaille im Bundeswettbewerb „Bürger, es geht um deine Gemeinde" belohnt. Dazu gab es mehrfach Blumenschmuckwettbewerbe, aber auch denkmalpflegerische und ortsbildgestalterische Maßnahmen.

Ein Anziehungspunkt für Besucher ist heute der Stadtgarten mit seinen sonst in Deutschland selten anzutreffenden südländischen Bäumen, Sträuchern und Blumen und dem „Mediterranen Hügel". Die ersten paar tausend Setzlinge dazu erhielt Bürgermeister Gillich nach Abschluß der Internatiolen Gartenbauausstellung 1983 kostenlos aus München, weil man dort für die exotischen Pflanzen keine Verwendung mehr hatte. Eine Errungenschaft von dieser Ausstellung ist auch der „Deidesheimer Becherbrunnen" der Bildhauer Bernhard und Michael Krauss, der seit 1984 vor dem Altenzentrum St. Elisabeth seinen Platz hat.

Stand am Anfang der Stadtverschönerung der Andreasbrunnen von 1851, so hat sich ihm als neuer Monumentalbrunnen 1985 der heitere Geißbockbrunnen von Gernot Rumpf zugesellt, ein Kunstwerk, das Geschichte, Brauchtum und Pfälzer Humor verkörpert.

Im übrigen machte sich der Landesfremdenverkehrsverband Rheinland-Pfalz die Deidesheimer Erfahrungen zunutze, indem er Bürgermeister Stefan Gillich zu seinem Präsidenten wählte.

Hoher Besuch

In den letzten zwölf Jahren gelangte Deidesheim häufig in die Schlagzeilen überregionaler, ja sogar internationaler Medien und erreichte dadurch einen relativ hohen Bekanntheitsgrad. Ursache dafür war die Vorliebe des früheren Bundeskanzlers Kohl für Deidesheim, der nur selten versäumte, hohe ausländische Staatsgäste dorthin zu führen und sie auf diese Weise mit der Lebensart und den Küchenspezialitäten seiner engeren Heimat vertraut zu machen. Kohl stand damit in einer gewissen Tradition, denn hohe Gäste haben Deidesheim auch früher schon besucht. Bis zum Ende der Monarchie waren es vor allem Angehörige des bayerischen Königshauses, die, seit die Pfalz 1816 Teil ihres Reiches geworden war, ihren Fuß immer wieder dorthin setzten. In der Mitte des Jahrhunderts wurde das von Friedrich Gärtner im Auftrag des Königs entworfene Schloß Ludwigshöhe bei Edenkoben vollendet, das den pfälzischen Stützpunkt des wittelsbachischen Hauses darstellte.

So gaben immer wieder einmal königliche Besucher der Stadt Deidesheim die Ehre und wurden entsprechend festlich empfangen. Einmal entstanden aus einem solchen Besuch allerdings Probleme, über die noch zu berichten sein wird.

Die Besuche der Königsfamilie hörten natürlich mit dem Ersten Weltkrieg auf, nicht aber diejenigen prominenter Persönlichkeiten.

Als erster Wittelsbacher bereiste König Ludwig I. von Bayern zusammen mit Königin Therese vom 7. bis 15. Juni 1829 den Rheinkreis. Dabei besuchte er auch Deidesheim, wo man Ehrenpforten errichtet und die Stadt mit Girlanden geschmückt hatte. Nach dem Spiel des „hiesigen Musikvereins" begrüßte der Bürgermeister Andreas Jordan das Königspaar. Der König erwiderte die Rede und erkundigte sich danach, „wie das Städtgen heise, und riefen nach geschehener Beantwortung mit sichtbarer Freude aus, Ah! Deidesheim, wo der trefliche Deidesheimer wächst!" Die Töchter von Bürgermeister und Gemeinderäten überreichten den Majestäten Blumensträuße und kredenzten ihnen Wein unter den Klängen der Musik, worauf das hohe Paar durch einen Ehrenbogen in Richtung Neustadt weiterfuhr.[61]

Am 23. Juli 1852 besuchte dasselbe hohe Paar, nämlich der 1848 von seinem Sohn Maximilian abgelöste und seitdem nicht mehr regierende bayerische König Ludwig I. mit seiner Gemahlin auf einer Pfalzreise wiederum Deidesheim. Um Unliebsamkeiten von vornherein zu vermeiden, hatte der Regierungspräsident der Pfalz Gustav von Hohe sehr ausführliche Instruktionen über das von ihm erwartete Verhalten der Bevölkerung erlassen, die in Deidesheim aber nur teilweise befolgt wurden. Vor allem sollte außer den bayerischen Landesfarben weiß-blau kein anderer Fahnenschmuck gezeigt werden,

König Ludwig I. von Bayern im Jahr seiner Abdankung 1848

woran sich gerade einige bekannte Weingutsbesitzer nicht hielten. So hatten Franz Peter Buhl, Friedrich Deinhard, Johann Baptist Kimich, Friedrich Seyler und Eduard Gießen schwarz-rot-gold geflaggt und anderen Bürgern damit zugleich als Vorbild gedient. Der Bürgermeister Ludwig Andreas Jordan war gar nicht in Deidesheim, und seine beiden Adjunkten, der Gutsbesitzer Johann Wendel Cörver und der Seifensieder Johann Adam Häußling versäumten es, dem König ihre Aufwartung zu machen und seine Befehle zu erbitten, wie es der Regierungspräsident vorgegeben hatte. Zu allem Überfluß drängte sich beim Pferdewechsel noch der Winzer Joseph Adam Nobis zum König, gab ihm die Hand und nahm dabei nicht einmal den Hut ab.

Am meisten verärgert schien der Regierungspräsident darüber gewesen zu sein, daß sein Fahnenerlaß nicht befolgt worden war und auch eine Intervention des Neustadter Landkommissärs daran nichts zu ändern vermocht hatte. Der Regierungspräsident entließ die beiden Adjunkten aus ihrem Amt und enthob die Stadträte Johann Baptist Kimich, Friedrich Seyler und Eduard Gießen ihrer Funktionen.[62]

Damit war die Sache aber noch längst nicht erledigt. Am 29. August 1852 richteten die entlassenen drei Stadträte ein achtseitiges Schreiben an den regierenden König Maximilian II. in München, in dem sie ihr Verhalten begründeten, ihrer Entlassung mit rechtlichen Argumenten widersprachen und um deren Rücknahme baten.[63] Sie beklagten sich darüber, daß der Regierungspräsident ihnen keine Gelegenheit zur Rechtfertigung gegeben und in seinem Schreiben einen völlig unangemessenen Ton angeschlagen habe. Sie wehrten sich „gegen die Unterstellung irgend welcher böswilligen Intention oder eines absichtlichen Auflehnens gegen obrigkeitliche Anordnungen auf das Entschiedenste". Sie verwiesen auch auf das loyale Verhalten der „Gesammtbewohnerschaft Deidesheim's und der dortigen Gemeindebehörden" im Jahre 1849. Die Beschwerdeführer hätten nichts anderes im Sinne gehabt, als dem König, „dem Beförderer jeder ächt nationalen Bestrebung" die passende Huldigung darzubringen. Die „mit Mühe und Kosten verbundene Ausschmükkung der ganzen Stadt", bei der neben der Fahne Deutschlands nirgends die Farben Bayerns gefehlt hätten, beweise das ja auch. Im übrigen seien die deutschen Farben nicht verboten. Sie wehten noch heute vom „Bundespallaste" in Frankfurt, und bis vor kurzem hätten sie alle Heere Deutschlands getragen, auch die, welche den Aufstand 1849 niedergeschlagen hätten. Wenn die Petenten dem Wunsch des Landkommissärs auf Entfernung der schwarz-rot-goldenen Fahnen nicht gefolgt seien, dann deswegen, weil sie sich „in dem festen Bewußtsein völliger Legalität und Unsträflichkeit" zu befinden glaubten.

Der zweite Teil des Schreibens beschäftigt sich mit der rechtlichen Stellung der Gemeinderäte. Der Regierungspräsident stützte sich auf die französische Gesetzgebung, nach der die Departementalverwaltung die Gemeinderäte zu ernennen und abzuberufen habe. Die Beschwerdeführer waren sich aber sicher, daß das französische Recht in diesem Falle durch die bayerische Gesetzgebung, welche die Wahl der Gemeinderäte den Ortsbürgern übertrug, längst abgelöst sei. Die Bezirksbehörde könne also nicht in die verfassungsmäßigen Rechte der Staatsbürger eingreifen. Allenfalls sei es möglich, den Stadtrat als ganzes aufzulösen, nicht aber gegen einzelne Mitglieder vorzugehen. Die suspendierten Stadträte baten also König Maximilian II., den Erlaß des Regierungspräsidenten aufzuheben.

Erst unterm 12. November 1852 erhielten die drei Deidesheimer Stadträte eine Antwort der Regierung der Pfalz, in der ihnen „Im Namen Seiner Majestät des Koenigs" die Ablehnung ihrer Bitte unter Berufung auf das fragwürdige französische Gesetz mitgeteilt wurde.

Das nahm der Stadtrat von Deidesheim jedoch nicht einfach hin. Zwar blieben Kimich, Seyler und Gießen weiterhin ausgeschlossen, wie eine Liste der 23 Stadträte vom 18. Januar 1853 zeigt, doch wäre eine Nachwahl von elf Stadträten vorzunehmen gewesen, die turnusgemäß ausscheiden mußten, was durch Losentscheid festgestellt wurde. Nach Vornahme der Auslosung am 11. Februar erklärten sämtliche Stadträte einschließlich des Bürgermeisters Georg Siben ihren Rücktritt und ersuchten die Regierung um die Ansetzung einer kompletten Neuwahl. Diese Wahl fand am 28. Februar 1853 statt. Der Regierungspräsident von Hohe enthob jedoch am 8. März die gewählten Gemeinderäte Ludwig Andreas Jordan, Georg Friedrich Deinhard, Eduard Gießen, Johann Baptist Kimich, Heinrich Koch, Otto Steinebach und Ferdinand Schuler ihrer Funktionen. Johann Adam Häußling hatte die auf ihn gefallene Wahl von sich aus abgelehnt. Die gewählten Ersatzleute Georg Joseph Reuther, Friedrich Ignaz Seyler, Jakob Dunkel und Johann Adam Stadler durften nicht in den Stadtrat nachrücken. Das Regierungspräsidium ernannte anstelle der ausgefallenen Stadträte nur vier Ersatzleute. Der Stadtrat und Gutsbesitzer Heinrich Molitor wurde vom Regierungspräsidenten zum Bürgermeister, Jacob Häußling zum Ersten, Johann Adam Walch zum Zweiten Adjunkten ernannt. Den Empfang seines Ernennungsschreibens bestätigte Molitor am 13. März 1853, wollte aber das Amt nicht antreten. Das Regierungspräsidium nahm die Ablehnung nur unter der Bedingung an, daß Molitor auch sein Stadtratsmandat zurückgebe, was dieser tat.

So trat der zuvor schon amtierende Bürgermeister Georg Siben wieder in seine Rechte ein. Dieser mußte den sieben vom Regierungspräsidenten entlassenen Stadträten die Enthebung aus ihrer Funktion unterm 11. April 1853 noch einmal bestätigen. Am 2. Juli ernannte die Regierung der Pfalz den Stadtrat und Gutsbesitzer Georg Dietz zum Ersten Adjunkten. Damit enden die Akten in dieser Sache von der wir natürlich gerne gewußt hätten, ob damit alles geregelt war. Immerhin beweisen diese Vorgänge, daß man in Deidesheim nicht gewillt war, obrigkeitliche Eingriffe in die kommunale Selbstverwaltung ohne weiteres hinzunehmen.

Als die geschilderte Affäre noch in ihrem Anfangsstadium war, am 2. September 1852, war der vermutlich nichts ahnende, abgedankte König Ludwig I. mit seiner Gemahlin Therese wiederum durch Deidesheim gekommen. Nach dem Bericht des Dürkheimer Wochenblattes vom 5. September wurde er dieses Mal freundlicher empfangen. Georg Siben, der gerade Bürgermeister geworden war, entschuldigte sich für die Ungeschicklichkeiten mancher Deidesheimer beim letzten königlichen Besuch. Nachdem das Paar die Limburg bei Dürkheim besucht hatte, kam es am Abend noch einmal durch die Stadt, die ihm zu Ehren festlich illuminiert war. Wie dieser 2. September 1852 in Deidesheim verlaufen ist, läßt sich, bei aller nötigen Vorsicht, aus einem satirischen, als „Kusterlied" überschriebenen Gedicht von 37 Strophen erkennen, dessen Verfasser der für einige Gutsbesitzerfamilien tätige Hauslehrer Jakob Kuster war.

Danach war die Stadt mit weiß-blauen Fahnen, Oleanderkübeln und Kränzen an den Häusern geschmückt. Der Korrespondent, der von Dr. Lukas Jäger herausgegebenen „Pfälzer Zeitung" suchte vergeblich nach schwarz-rot-goldenen Fahnen an den Häusern der bekannten Weingutsbesitzer, die dieses Mal weiß-blau geflaggt oder völlig auf Fahnenschmuck verzichtet hatten. Unter Böllerschüssen, die der Schlossermeister Herzog auslöste, und Glockengeläut fuhr das gewesene Königspaar in Deidesheim ein. Die Rede des Bürgermeisters Siben schien den König nicht sehr zu interessieren. Lieber ließ er sich einen Becher Wein reichen. In Person des „Vetter Biffar", welcher der Königin die Hand reichte und mit seinen Kriegserlebnissen unter Napoleon renommierte, scheint sich auch dieses Mal ein ungebetener „Gesprächspartner" an das Königspaar herangemacht zu haben. Nach dem Besuch der Limburg und einer Einkehr bei der sprichwörtlichen „schönen Anna" in den „Vier Jahreszeiten" zu Dürkheim fuhr das Paar zur Ludwigshöhe zurück. Mit der Illumination des Städtchens bei der abendlichen Rückfahrt hatte man sich viel Mühe gegeben. Doch der König hielt nur am „Adler", um ein Glas Wein zu nehmen „und ist alsdann fortgejagt".

Das Gedicht des Hauslehrers Kuster ist ziemlich respektlos, aber so amüsant, daß es hier, wenn auch etwas verkürzt, zitiert werden soll.

Kusterlied

Hört ihr Leute, laßt euch sagen,
Was sich hier hat zugetragen.
Achtzehnhundertfünfzig zwei
Als der Sommer war vorbei
An dem zweitesten September,
Heilig sei der Tag uns semper.

Morgens früh um halber zehn
Konnte man noch nichts erseh'n.
Nur ein Lärm in Haus und Stube,
Hie und da ein Gassenbube.
Gassenbuben fehlen nicht,
Wenn was Großes wo geschicht.

Plötzlich nach dem Mittagsmahl
Regte es sich überall;
Denn der Bürgermeister Siben
Hatte strengstens ausgeschrieben:
Wer nicht hochbegeistert sei,
Komme in die Polizei.

Drum sah man an allen Ecken
Blau und weiße Fahnen stecken.
Selbst der Himmel voll Respekt
Hatte blau-weiß aufgesteckt.
Ferner waren Oleander
Aufgestellt dick aneinander.

Aber an den Häusern oben
Hing ein Kranz an jedem Kloben;
Und der Bürgermeister Siben
Hatte kürzlich ausgeschrieben:
Sorget, daß der Kloben hält
Und der Kranz nicht runter fällt.

Doch es gibt zu jeder Zeit
Viele patriot'sche Leut,
Die am Hause keine Kloben
Haben, um den Herrn zu loben.
Diese hingen brav und schlau
Ihre Teppiche zur Schau.

Alles war nun ausgeschmückt.
Eins nur hat man nicht erblickt:
Ach, wo sind sie heut geblieben,
Jene schwarz-rot-goldne Sieben?
Nirgends schwarz, noch gelb, noch rot,
Daher Jäger grämt sich tot!

Als der Mann sein Buch tut schließen,
Hörte man den Herzog schießen.
Alle Glocken taten läuten
Und Lakaien sah man reiten.
Still stand alles – Mann an Mann –
König Ludwig fährt heran.

Jeder Hut vom Kopfe flog
Und ein tausendstimmig Hoch!
Hört' man schallen, und der König
War davon gerührt nicht wenig.
Vor tritt jetzt der Bürgermeister,
Und der König fragt: „Wie heißt er?"

„Majestät, ich heiße Siben
Und hab' eine Red' geschrieben,
Die ich runterlassen will.
Ludwig sprach: „Sei er nur still!
Gebt mir einen Becher Wein,
Das wird wohl das beste sein."

Als man nun den Becher bracht,
Hat der König sehr gelacht;
Trank ihn aus bis auf den Grund,
Wischte schmunzelnd sich den Mund;
Und der Stadt zum Dank und Lob
Machte er die Nagelprob.

Als der König ausgetrunken,
Wurde wieder eingeschunken,
Und die Königin Theres
Trank und sprach: „Wie gut ist es!"
Auch die andern, Herrn und Knecht,
Fanden unsern Wein nicht schlecht.

Während nun die Pferde schnauben,
Aß das hohe Paar sechs Trauben.
Die Stadträte auf Befragen
Durften ihren Namen sagen.
Jeder wußte ihn auswendig,
Denn ein Stadtrat ist verständig.

Jetzo trat mit festem Schritt
Vetter Biffar in die Mitt,„
Gab der Königin die Hand.
„Biffar bin ich hier genannt;
Alle andern, die am Wagen,
Sind nur Lumpen kann ich sagen.

Wissen Sie, nur so Kanaille.
Ich nur war in der Bataille.
Wie ein Löw' hab ich gefochten,
Dreimal ward ich totgestochten,
Dreimal stand ich wieder auf.
Das ist so mein Lebenslauf.

Folgte mir Napoleon,
Säß er heut noch auf dem Thron.
Ja, das waren andre Zeiten;
Donnerwetter, wir zwei beiden!
Sacrebleu! S ist alles aus!
Das da oben ist mein Haus."

„Biffar, er ist wirklich groß,
Komm' er morgen auf mein Schloß;
Aber jetzt laß' er uns gehen,
Denn wir müssen Limburg sehen."
„Sehr wohl, Eure Majestäten,
Ich werd' heute für Sie beten."

Unter mächtigem Applaus
Fuhr der König jetzt hinaus,
Und die Knottelbuben wohl
Hatten alle Hände voll;
Denn wo Majestäten walten,
Muß ein Segen sich gestalten.

Während Ludwig und Therese
Bei der schönen Anna Klöße,
Leberwurst und Handkäs speisten,
Kaufte man in Deidesheim
Sieben Zentner Lichter ein
Bei dem früheren Adjunkt.
Doch, das ist ein böser Punkt.

Nach und nach, da ward es dunkel
Und man hörte ein Gemunkel,
Als auf einmal Meister Herzog
Mit der Kugelbüchs einherzog;
Denn der Herzog sollte schießen
Und das Königspaar begrüßen.

Richtig mit dem Schlage neune
Sah der Meister Herzog eine
Kutsche auf der Forster Stroß
Und er schoß die Büchse los.
Aber ach, es war nicht Er –
Es war der Landkommissär!

Endlich kam des Königs Chaise
Mit dem Ludwig und Therese.
Fürchterlich war der Spektakel.
Lichter, Lampen und Pechfackel
Füllten jede Fensternisch'.
Es war ganz gespensterisch.

Allerhöchste Namenszüge
Funkelten an jeder Stiege.
Oben an Herrn Gießens Haus
Sah'n zwei Kerls zum Fenster raus –
Schön beleuchtet in der Mitten
Waren L und Th geschnitten.

Aber der Andreasbrunnen
Glänzte heller als die Sunnen;
Denn in einer Hühnerschüssel
Rührte mit dem Hoftorschlüssel
Der berühmte Kustermann
Ein bengalisch Feuer an.

Gegenüber an der Ecke
Saß Herr Sachs in festem Drecke
Und in seiner Kaffeetasse
Hatt' er eine schwarze Masse.
Sprach, es sei ein griechisch' Feuer
Und dazu entsetzlich teuer.

Als der König schrecklich schnell
Herfuhr, war es also hell,
Daß man vor dem Hellen nicht
Sah ein einzig brennend Licht.
Vor dem Adler angekommen,
Hat er ein Glas Wein genommen.

Hat alldort noch viel gesagt
Und ist alsdann fortgejagt.
Heut jedoch kam ein Dekret,
Allwo drin geschrieben steht:
„Jakob Kuster, Ehrenberger,
Königlicher Feuerwerker."

 Das Verhalten der Deidesheimer bei den Königsbesuchen des Jahres 1852 und den anschließenden Querelen läßt nicht gerade großen Respekt gegenüber dem Königspaar und den die Staatsmacht vertretenden Behörden erkennen. Mag sein, daß dies wenigstens zum Teil an der Person Ludwigs I. lag, der wegen seines Verhältnisses zu der Tänzerin Lola Montez zum Rücktritt gezwungen worden war, aber ganz sicher spielte die liberale Einstellung eines Großteils der Bevölkerung eine Rolle. Sie wollte sich von dem aus Bayreuth stammenden Regierungspräsidenten Gustav von Hohe nicht ihre freiheitlichen und nationalen Bestrebungen unterdrücken lassen. Hohe war infolge seines rigorosen Vorgehens äußerst unbeliebt, so daß sicher zutraf, was der Kaiserslauterner Pfarrer Fleischmann bei dessen Versetzung 1866 nach Niederbayern in sein Tagebuch schrieb: Die ganze Pfalz jubelt![64]

Der jetzt regierende König Maximilian II. hatte 1843 als Kronprinz Deidesheim besucht. Sein Sohn und Nachfolger König Ludwig II., der „Märchenkönig", hielt sich nie in der Pfalz auf. Anders der Prinzregent Luitpold, der von 1886 bis 1912 den Thron vertrat. Er reiste gerne in die Pfalz und war bei den Pfälzern sehr beliebt, was bis heute an einer Reihe von Denkmälern, Luitpoldtürmen und -bäumen abzulesen ist. Auch bei seinen Besuchen in Deidesheim in den Jahren 1888 und 1894 kam die Wertschätzung für ihn zum Ausdruck. 1894 wurde Prinzregent Luitpold von seinem Sohn, Prinz Ludwig, dem späteren König Ludwig III., begleitet. Am 4. Juni 1902 besuchte der Prinz Deidesheim und besichtigte bei diesem Anlaß auch den damals gerade vier Jahre alten Winzerverein. Die Ansprache, die der Vorsitzende, der Lehrer Johannes Mungenast an den Prinzen richtete, informierte diesen recht genau über die erfolgreiche Arbeit des Winzervereins in der kurzen Zeit seines Bestehens. Zum Schluß rief Mungenast aus: „Wir sind als fröhliche Pfälzer treue Bayern.

Besuch König Ludwigs III. von Bayern am 8. Mai 1913

Unsere Bayerntreue und unsere Liebe zum angestammten Herrscherhause der Wittelsbacher ruhen tief in des Herzens Grund."⁶⁵ Am nächsten Tag war der Prinz in der Familie Buhl zu Gast.

Als sein Vater, der Prinzregent Luitpold 1912 gestorben war, folgte ihm Prinz Ludwig zunächst in dieser Funktion. 1913 wurde er zum König gekrönt. Als solcher besuchte er noch im selben Jahr die Pfalz und am 8. Mai Deidesheim, wo ihm und seiner Gemahlin Marie Therese der Bürgermeister Dr. Ludwig von Bassermann-Jordan vor dem Rathaus den Ehrentrunk in einem Glas aus der Merowingerzeit reichte, das in den eigenen Weinbergen gefunden worden war.

Dies war nun der letzte Besuch, den ein bayerischer Monarch der Stadt Deidesheim abstattete. Angehörige des Hauses Wittelsbach kamen aber auch später noch nach Deidesheim.

An Besuchen weltlicher und geistlicher Größen fehlte es auch in den Folgejahren nicht. So konnte Bürgermeister Dr. Arnold Siben 1928 den päpstlichen Nuntius Eugenio Pacelli, den nachmaligen Papst Pius XII. begrüßen. Zur Befreiungsfeier von der französischen Besatzung kam der Reichspräsident Generalfeldmarschall Paul von Hindenburg am 19. Juli 1930 nach Neustadt. Bei seiner Fahrt war für Deidesheim ein Halt von drei Minuten vorgesehen. Forst

Veteranen des Kriegervereins von 1870/71 in Erwartung des Reichspräsidenten Paul von Hindenburg am 19. Juli 1930

und Wachenheim wurden nur durchfahren. Im beflaggten und dekorierten Deidesheim hatten sich die Vereine mit ihren Fahnen, auch solche aus den Nachbarorten, und viele Schulklassen eingefunden. Bürgermeister Sibens kurze Rede beschäftigte sich vor allem mit dem Weinbau. Er überreichte dem Reichspräsidenten ein Weingeschenk, und unter Hochrufen, Böllerschüssen und Glockengeläute fuhr dieser nach vier Minuten, immerhin mit einer Minute Verspätung, wieder weiter. Daß da keine Zeit blieb für den Eintrag in das Goldene Buch der Stadt, ist verständlich. Das Buch wurde im November nach Berlin geschickt, und der Reichspräsident trug sich auf der für ihn freigehaltenen Seite 3 unterm 19. Juli 1930 ein.[66]

In diesem Jahr hielt sich auch der bayerische Kronprinz Rupprecht wieder einmal in Deidesheim auf.

Größen des „Dritten Reiches" ließen sich, mit Ausnahme des Gauleiters Josef Bürckel, kaum einmal in Deidesheim sehen. Dieser trat hier bei der Eröffnung der Deutschen Weinstraße im Oktober 1935 in Erscheinung. Einige Wochen zuvor, am 26. August war der Reichssportführer von Tschammer und Osten im Haus Bassermann-Jordan zu Gast, wo ihm der Vereinsführer der Turngemeinde Johann Wendel Kerbeck seine Aufwartung machen durfte.

Die britische Premierministerin Margret Thatcher in Deidesheim am 30. April 1989

Nach dem Zweiten Weltkrieg wurde Deidesheim oft von maßgeblichen deutschen Politikern besucht. Unter ihnen waren die Bundespräsidenten Theodor Heuß und Karl Carstens, der 1982 eine seiner Wandertouren auf Einladung von Bürgermeister Stefan Gillich an der Weinstraße machte. Auch der Bundestagspräsident Kai Uwe von Hassel und die Bundeskanzler Ludwig Erhard, Kurt Georg Kiesinger und Willy Brandt waren hier, ebenso hohe kirchliche Würdenträger wie Kardinal König von Wien und der Apostolische Nuntius Bafile.

Weltweit bekannt wurde Deidesheim aber, wie eingangs erwähnt, durch die Besuche hoher ausländischer Politiker in den Jahren 1989 bis 1997. Nachdem Bundeskanzler Kohl am 30. April 1989 mit der britischen Premierministerin Margret Thatcher in Deidesheim gewesen war, hatte Bürgermeister Gillich den Kanzler und den sowjetischen Präsidenten Michail Gorbatschow eingeladen, anläßlich von dessen Staatsbesuch in Deutschland auch nach Deidesheim zu kommen. Dies geschah dann am 10. November 1990. Von da an führte Kohl viele ausländische Staatsbesucher nach Deidesheim.

Die Besuche liefen unterschiedlich ab. Zumeist wurde an diesen Tagen Speyer mit seinem Dom besucht und manchmal auch eine Kaffeepause im

John Major, britischer Premierminister, zu Besuch am 1. Oktober 1994

Privathaus der Familie Kohl in Oggersheim eingelegt. Natürlich ruhten die politischen Gespräche bei manchen Treffen, vor allem, wenn sie zeitlich gedrängt stattfinden mußten, nicht einmal in Deidesheim und wurden eben im „Deidesheimer Hof" fortgesetzt.

Der Bürgermeister empfing die Staatsgäste, auch wenn die Zeit noch so drängte, mit der Kolpingkapelle und der Trachtengruppe auf dem Marktplatz. Das Goldene Buch lag zur Eintragung bereit. Die Deidesheimer Weinprinzessin bot den Gästen ihren Pokal mit Wein aus dem städtischen Paradiesgarten an.

Natürlich wurden Geschenkkörbe an die ausländischen Besucher wie auch an den Bundeskanzler überreicht. Dazu suchte man immer einen besonderen Wein aus, der entweder im Geburtsjahr oder im Jahr des Regierungsantritts des jeweiligen Besuchers gewachsen war. Außerdem gab es zwei gravierte Weingläser und einen Korkenzieher mit Rebknorzengriff und als weitere Deidesheimer Erzeugnisse Riesling-Trüffel und eine Keramik der Künstlerin Lotte Reimers.

Manche Besucher wurden auch zu Rebstockpächtern im städtischen Paradiesgarten gemacht. Margret Thatcher erhielt den Rebstock Nr. 15, ihr Nachfolger John Major Nr. 78, Michail Gorbatschow Nr. 85, Boris Jelzin Nr. 95. Helmut Kohl hat den Rebstock Nr. 1.

Der am meisten beeindruckende Besuch war wohl der von Michail Gorbatschow, der einen Monat nach dem Vollzug der deutschen Wiedervereinigung und einen Tag nach der Unterzeichnung des Vertrages über die Zusammenarbeit mit der Sowjetunion nach Deidesheim gekommen war; kein Wunder, daß ihn und seine Frau Raissa zwei- bis dreitausend Zuschauer begeistert empfingen. Das etwa zwanzig Minuten dauernde Zeremoniell nutzte der Schreinermeister Alfred Eichberger auch dazu, den Friedensnobelpreisträger Gorbatschow um seinen Namenszug auf das Unterschriftenbrett aus dem St. Urbanskeller der Kolpingfamilie zu bitten, auf dem sich Thatcher und Kohl bereits verewigt hatten.

Am 26. Januar 1991 sollte der kanadische Premierminister Brian Mulroney Deidesheim einen Besuch abstatten, doch kam er wegen des Golfkrieges erst am 16. Juni. Auch er und seine Frau Mila erhielten den üblichen Geschenkkorb, nur zum Rebstockpächter machte ihn Bürgermeister Gillich nicht, denn er ist Antialkoholiker. Seine Frau hingegen erhob demonstrativ das Weinglas.

Als nächsten Staatsgast führte Bundeskanzler Kohl den amerikanischen Vizepräsidenten Dan Quayle am 9. Februar 1992 nach Deidesheim.

Der Besuch des tschechischen Staatspräsidenten Vacláv Havel wurde zwar als privater Abstecher bezeichnet, doch verlief das Zeremoniell am 14. Oktober 1993 wie sonst auch, und auch dieses Mal hatten sich viele Deidesheimer zur Begrüßung eingefunden.

Der Präsident der Sowjetunion Michail Gorbatschow nach dem Eintragen in das Goldene Buch der Stadt am 10. November 1990

Im Jahr 1994 kamen gleich zwei hohe Gäste, und zwar am 12. Mai der russische Präsident Boris Jelzin und am 1. Oktober der britische Premierminister John Major. Weil für die Presseberichterstatter, die sich immer auch mit den Menüfolgen im „Deidesheimer Hof" beschäftigten, der Saumagen in der Speisenfolge jedesmal ein „gefundenes Fressen" war, hatte man die letzten Male darauf verzichtet. Boris Jelzin erhielt seinem Geburtsjahr entsprechend als persönliches Weingeschenk eine 1931-er Forster Kirchenstück Beerenauslese des Weingutes Bassermann-Jordan.

Vor allem im Hinblick darauf, daß Bundeskanzler Helmut Kohl durch die Staatsbesuche Deidesheim in aller Welt bekannt machte, verlieh ihm die Stadt am 19. Februar 1995 die Ehrenbürgerwürde.

Ein Höhepunkt in den Besuchen ausländischer Staatsgäste und zugleich der vorerst letzte war der des spanischen Königspaares. Am 17. Juli 1997 kamen König Juan Carlos I. und Königin Sofia in Begleitung von Bundeskanzler Kohl nach Deidesheim. Die Bevölkerung war begeistert, und Bürgermeister Gillich überreichte die Geschenke der Stadt. Das Königspaar trug sich in das Goldene Buch ein.

Empfang des spanischen Königs Juan Carlos I. und der Königin Sofia auf dem Marktplatz am 17. Juli 1997

Mit diesem hohen Besuch schloß sich ein Ring. Den ersten Königsbesuch in Deidesheim machten 168 Jahre früher, nämlich 1829, Ludwig I. von Bayern und seine Gemahlin Therese. 84 Jahre zuvor, 1913, war der letzte König von Bayern, Ludwig III. nach Deidesheim gekommen.

Geißbock, Weinkerwe und Herbstschluß

Höhepunkte im Jahreslauf der Stadt Deidesheim sind drei große festliche Anlässe: die Geißbockversteigerung am Dienstag nach Pfingsten, die Weinkerwe im August und der Deidesheimer Advent. Dieser Dreiklang hat sich in den letzten 25 Jahren zu einem das Jahr gliedernden Festrhythmus entwickelt. Alle Feste ziehen viel Publikum von außerhalb an.

Die drei Festanlässe haben ganz unterschiedliche Ursprünge. Die Geißbockversteigerung geht auf ein mittelalterliches Rechtsverhältnis zurück. Sie hat sich in einer erstaunlichen sonst nur selten zu beobachtenden Kontinuität erhalten. Da es vergleichbare Feste kaum gibt, gilt die Geißbockversteigerung als das typische, unverwechselbare Deidesheimer Fest. Die Weinkerwe wird hingegen in ähnlicher Form auch in anderen pfälzischen Gemeinden gefeiert. Sie stellt die Fortentwicklung heimischer Überlieferungen dar, die einerseits in alten Kerwe- und Herbstbräuchen, andererseits in Deidesheimer Markttraditionen wurzeln. Der Weihnachtsmarkt im „Deidesheimer Advent" ist zwar eine Neuschöpfung, doch gab es bis in die jüngste Zeit den herkömmlichen Katharinenmarkt Ende November. Dieser galt wiederum lange als Deidesheimer Kerwe. Die Dinge fließen also in der historischen Rückschau etwas ineinander. Dem soll noch näher nachgegangen werden.

Zunächst aber zur Geißbockversteigerung! Weil darüber schon mehrfach geschrieben wurde, kann die Darstellung hier kurz gehalten werden.[67]

Der Beginn dieses Rechtsbrauches ist nicht eindeutig zu datieren. Verschiedene Indizien weisen auf das 14. Jahrhundert. Urkundlich gesichert ist das Jahr 1404, in dem König Ruprecht den Nonnen von St. Lambrecht das Recht bestätigt hat, ihr Großvieh im nahegelegenen Deidesheimer Wald weiden zu lassen. Von der Gegenleistung der Lambrechter für diese Berechtigung ist erst um 1534 die Rede. Danach sollten sie alljährlich einen Geißbock nach Deidesheim liefern. Die Bestimmungen hierüber, auch über die geforderte Beschaffenheit des Bockes wurden immer wieder einmal, zuletzt von Napoleon im Jahr 1808, neu gefaßt.

Dieses merkwürdige Rechtsaltertum war im 19. Jahrhundert schon weithin bekannt. Wilhelm Heinrich Riehl schreibt 1857 von dem „berühmten Geißbock von Lambrecht".[68] Es gab auch eine Reihe literarischer Bearbeitungen, Gedichte und Theaterstücke.

Das konnte aber nicht darüber hinwegtäuschen, daß das alte Rechtsverhältnis allmählich als antiquiert galt. Zu gerne hätte sich Lambrecht davon befreit. Aber Deidesheim nahm die Sache immer sehr genau und wies beispielsweise 1851 den von Lambrecht gebrachten Bock zurück, weil er den Bedingungen, gut gehörnt und gut gebeutelt zu sein, nicht entsprach. Daraufhin wurde bis

Die Geißbockversteigerung im Jahr 1912

1857 prozessiert. Lambrecht verlor zwar nicht, mußte aber trotzdem 1858 acht Böcke auf einmal liefern. Der von Lambrecht schon 1845 gemachte Vorschlag, die Bocklieferung durch eine einmalige größere Geldzahlung abzulösen, hatte in Deidesheim ohnehin keine Zustimmung gefunden. Auch im 20. Jahrhundert machte Lambrecht mehrfach Versuche, die Bocklieferung einzustellen, so zwischen 1928 und 1933 und wiederum nach dem Zweiten Weltkrieg, doch auch da ohne Erfolg.

Je lustloser Lambrecht seiner Verpflichtung nachkam, desto mehr wurde in Deidesheim die Sache ausgeschmückt und zu einem großen Volksfest gemacht. Um 1900 berichtete die Presse von großen Besuchermassen. Damals inserierte man sogar in Mannheimer und Heidelberger Zeitungen.

In der wirtschaftlich schlechten Zeit nach dem Ersten Weltkrieg verstärkte Deidesheim noch seine Bemühungen, Gäste anzuziehen. So inszenierte man im Jahre 1924 für den Film „Fröhlich Pfalz, Gott erhalt's!" eine zweite Geißbockversteigerung am 21. September. Für die Pfalz wurde eine eigene Fassung des Filmes hergestellt, welche die französische Zensur „entschärft" hatte.

Aufführung der „Historischen Pfingstfestspiele" von Karl Rauch 1927

Um jene Zeit herrschte eine starke Tendenz zur Historisierung von Bräuchen. In diesen Zusammenhang passen die „Historischen Pfingstfestspiele Deidesheim/Pfalz", verfaßt von Karl Rauch. Sie wurden 1927 an der Alten Bleiche aufgeführt. Indem den Zuschauern die Geschichte des Geißbocks vorgestellt wurde, sollten sie zum besseren Verständnis des Festanlasses gelangen und in ihrer Liebe zur Heimat gestärkt werden.

Einige Elemente des Festspieles von Rauch sind heute noch Bestandteil des Programms in Deidesheim. Dazu gehört auch der Küferschlag, der, soweit feststellbar, zum ersten Mal nach älteren pfälzischen Vorbildern in Rauchs Festspiel 1927 aufgeführt worden war.

Auch in der Nachkriegszeit kam es noch zu künstlerischen Bearbeitungen des Geißbockthemas. 1956 wurde im Oberöstereichischen Landestheater Linz an der Donau die Operette „Pfälzer Musikanten" von Kurt Neufert mit der Musik von Hans Striehl uraufgeführt. Darin spielt der Geißbock eine wichtige Rolle. Das trifft auch für den Roman „Zwei mal zwei im Paradies" von Karl Heinz zu, der gleichfalls in den fünfziger Jahren erschienen ist.

Die letzte größere Verstimmung zwischen Lambrecht und Deidesheim gab es 1965, als ausgerechnet am Pfingstmontagnachmittag, an dem die Lambrechter ihr Festspiel angesagt hatten, in Deidesheim gleichzeitig im Rahmen eines internationalen Trachtenfestes ein großer Umzug stattfand. Das war nun der Anlaß, gemeinsame Überlegungen zur Zukunft des Festes anzustellen. Die gefundene Regelung wird beiden Seiten einigermaßen gerecht. Danach besorgt Lambrecht nach wie vor den Bock und liefert ihn durch das jüngste Brautpaar altem Herkommen gemäß in Deidesheim ab. Deidesheim erstattet aber den Kaufpreis in Form von Wein, der alten Lambrechtern bei besonderen Anlässen zugute kommt. Der Geißbockbrauch zeichnet sich zwar durch eine bemerkenswerte Beständigkeit aus, doch kam es immer wieder einmal zu Erweiterungen und Ausschmückungen, die aber bruchlos in den Ablauf integriert wurden. Auf jeden Fall ist die Versteigerung des Lambrechter Geißbocks vor dem alten Rathaus von Deidesheim der Höhepunkt und die spannendste Viertelstunde des Festes geblieben.

Wenden wir uns nun den anderen Jahresfesten in Deidesheim zu!

Die Deidesheimer Markttradition reicht zumindest bis in das 18. Jahrhundert zurück. Fürstbischof August von Limburg-Stirum, damals der Landesherr von Deidesheim, bewilligte 1776 für Dienstag nach Matthäus (21. September) einen Jahrmarkt. Dieser wurde aber 1815 auf den Sonntag nach Allerheiligen verlegt. Andreas Jordan, der am 11. September 1833 an den Gemeinderat einen Brief richtete, hielt diesen Termin für absolut unpassend.[69] Damit begann eine Diskussion, die Deidesheim mehr als hundert Jahre lang immer wieder beschäftigt hat. Die Geschichte des Jahrmarktes, der zugleich auch als Deidesheimer Kerwe galt, ist die Geschichte seiner Verlegungen.

Jordan führte 1833 ins Feld, daß um den derzeitigen Markttermin das Wetter gewöhnlich schlecht und man öfter noch mit Keltern beschäftigt sei. Er schlägt einen Termin zwischen dem Edesheimer und dem Dürkheimer Michaelismarkt, dem bekannten Wurstmarkt gegen Ende September vor, „wie unsere Vorfahren es wohlweißlich eingerichtet hatten". Das sei schon deswegen günstig, weil die Krämer, vor allem die Kübler, auf ihrem Weg vom einen Markt zum anderen den in Deidesheim beschicken könnten. Die Deidesheimer hätten so auch Gelegenheit, ihr Herbstgeschirr am Ort zu kaufen und müßten nicht andere Märkte aufsuchen. Der Stadtrat hatte anscheinend die Absicht, den Markt in den August zu verlegen. Auch damit hätte sich Jordan anfreunden können, hielt jedoch den Septembertermin für den besseren. Immerhin kam man seinem Wunsch 1845, Jahre später, insoweit entgegen, als man einen Küblermarkt in Deidesheim am Mittwoch und Donnerstag vor dem Dürkheimer Michaelismarkt genehmigte. Fast gleichzeitig stimmte die Königlich Bayerische Regierung der Pfalz in Speyer der Verlegung des Deidesheimer Jahrmarktes von Allerheiligen auf den ersten Tag der zweiten Woche nach Martini zu. Das ging schon eher gegen Ende November und lag in der Nähe des Tages der heiligen Katharina (25. November), weshalb der Markt von da an auch Katharinenmarkt hieß. Warum dieser neue Termin gewählt wurde, ließ sich nicht feststellen. Vielleicht wollte man wirklich die letzte Kerwe in der Pfalz haben. Damit hat man nämlich später geworben.

Die Verlegungsprozeduren gingen aber weiter. 1853 wurde der Jahrmarkt auf den ersten Sonntag im September und die beiden folgenden Tage festgesetzt. Das Kirchweihfest blieb auf dem Sonntag nach der Oktav von Allerheiligen. Hier haben wir erstmals die Trennung von Jahrmarkt und Kirchweih, die auch später noch eine Rolle spielen sollte. Wiederum zehn Jahre danach, nämlich 1863, verlegte man den Jahrmarkt in den November zurück. So blieb es dann für längere Zeit, aber ganz zufrieden war man mit der späten Kerwe nie.

Von den 1880-er Jahren an bis vor den Ersten Weltkrieg versuchte die Stadtverwaltung Deidesheim Terminüberschneidungen durch Absprachen mit den Nachbargemeinden Forst, Wachenheim, Ruppertsberg, Königsbach und Niederkirchen zu vermeiden, die ihre Kirchweihen alle um Martini herum feierten.

In Zeiten, in denen die Landwirtschaft noch dominierte, lag der Spätjahrstermin gar nicht so schlecht. Martini war Abrechnungs- und Zahltag, so daß die Bevölkerung aus Deidesheim und seiner ländlichen Umgebung Einkäufe machen und in den Gasthäusern feiern konnte. Der Markt war auch vor dem Ersten Weltkrieg schon von Händlern und Schaustellern aus ganz Deutschland beschickt. Die Staatsstraße durch Deidesheim war während der gewöhnlich drei Markttage gesperrt. Die Märkte setzten sich während der zwanziger Jahre in ähnlicher Weise fort, doch gab es gegen deren Ende wieder einmal Bestrebungen, den Termin zu verändern.

Zu Anfang des Jahres 1928 stellte der Verkehrsverein an die Stadt den Antrag, den Jahrmarkt auf den zweiten Sonntag im August zu verlegen. Wenn früher die Rücksicht auf die Winzerbevölkerung ausschlaggebend für eine solche Veranstaltung gewesen sei, so spiele jetzt der Fremdenverkehr die entscheidende Rolle. Der Novembertermin könne ja als Nachmarkt beibehalten werden. Der Verkehrsverein kam mit seinem Antrag zunächst nicht durch, doch zwei Jahre später folgte man seinem Vorschlag.

Bis zum Beginn des Zweiten Weltkrieges gab es jetzt also die Kerwe im August und den Katharinenmarkt im November. 1939 wurden alle Jahrmärkte im linksrheinischen „Operationsgebiet" verboten, 1941 aber wieder erlaubt. In diesem Jahr beging Deidesheim die Sommerkerwe im August und den Katharinenmarkt „im kleinsten Rahmen und den Zeitverhältnissen entsprechend". In den nächsten beiden Jahren fand wenigstens der Katharinenmarkt noch statt, 1944 waren alle derartigen Veranstaltungen verboten.

Mit dem Katharinenmarkt begann man schon 1946 wieder. Im Jahr darauf kam auch die Sommerkerwe wieder hinzu.

Zu den Festen des Jahres 1947 teilte die französische Militärregierung den Wein über die Landesregierung von Rheinland-Pfalz zu. Deidesheim erhielt für die Geißbockversteigerung und den Katharinenmarkt jeweils 3000 Liter, wieviel für die Kerwe im August, ist nicht bekannt, auch nicht, ob noch andere Weinquellen geflossen sind. Nach der Währungsreform von 1948 wurde ohnehin vieles anders.

1951 wurde zu den bestehenden Festen noch ein neues erfunden, das „Mittelhaardter Weinleseschlußfest" im Oktober. Damit knüpfte man an die Tradition der Herbstschlußfeste der Region an. Diese wurden von den einzelnen Weingütern nach der Lese des letzten Wingerts für ihr Personal abgehalten. In früherer Zeit, besonders in den 1920-er Jahren, wurden die Herbstschlußfeste mancher Weingüter sehr aufwendig gestaltet. Das neue Fest sollte eine Art Herbstschluß für alle sein. 1953 stellte Deidesheim mit Ingrid I. (Ingrid Schreck) die pfälzische Weinkönigin. Das „Mittelhaardter Weinleseschlußfest" wurde darum besonders groß begangen. Am Samstag war ein Heimatabend und am Sonntag, dem 25. Oktober ein Festzug, für den 32 Nummern, darunter 23 Festwagen gemeldet waren. Beteiligt waren alle größeren Weingüter, Winzergenossenschaft, Winzerverein, auch die Gemeinden Ruppertsberg, Forst und Königsbach. Die Wagen und Gruppen verkörperten Szenen aus dem Weinbau oder berühmte Weinlagenamen, so z.B. das Weingut Reichsrat von Buhl das Forster Ungeheuer in Form eines großen Drachens, andere den Forster Jesuitengarten (Bassermann-Jordan), den Kieselberg (J. F. Kimich) oder den Vogelgesang (F. Siben). Die Stadtverwaltung stellte einen Blumenwagen, der Verkehrsverein den Wagen der pfälzischen Weinkönigin.

Wagen der pfälzischen Weinkönigin Ingrid I. im Festzug zum Mittelhaardter Weinleseschlußfest 1953

Allerdings fiel auch ein Wermutstropfen in den Kelch der Festesfreude. Die Winzergenossenschaft „Katharinenbild" Niederkirchen sagte ihre Teilnahme wenige Tage vor dem Fest mit der Begründung ab: „Der katastrophale Ernteausfall greift doch mehr als erwartet unsere Reserven an und bitten wir Sie um Verständnis. Wir waren ja schon zweimal beteiligt und werden die kommenden guten Jahre wieder dabei sein."

Sehr viele Gelegenheiten boten sich den Niederkirchenern dafür nicht mehr, denn 1955 sprachen sich die Deidesheimer Gutsbesitzer gegen einen Festzug aus. Da sonntags nicht gelesen wurde, kame das Personal nicht eigens zur Teilnahme am Festzug. Es sei ohnehin schwer, überhaupt Leserinnen und Leser zu bekommen. Auf Dauer werde man das Weinlesefest kaum im Herbst durchführen können, weil der Zeitpunkt des Herbstschlusses immer unbestimmt sei. Die Gutsbesitzer schlugen vor, an Pfingsten ein großes Weinfest ohne Umzug zu machen, an dessen Ende die Geißbockversteigerung stünde.

Im März 1956 beschloß der Stadtrat: Das Weinleseschlußfest soll bis auf weiteres nicht mehr stattfinden." So war in diesem Jahr tatsächlich ein Weinfest über Pfingsten, die Weinkerwe im August und der Katharinenmarkt. Dieser mußte nun allerdings wieder einmal verlegt werden, weil er mit dem Totensonntag in Konflikt kam, wogegen die protestantische Kirche Einspruch erhoben hatte.

Im Festleben der Gemeinde bestand also nach wie vor eine unbestimmte Situation. So richtig hatte sich auch die Sommerkerwe nicht durchsetzen können. Die Wirte waren unzufrieden, und wegen des bei der zumeist heißen Witterung hohen Mineralwasserverbrauchs verspottete man die Veranstaltung als „Selterswasserkerwe".

Dies änderte sich grundlegend mit dem Jahr 1971, als man beschloß, die Weinkerwe nach dem Beispiel anderer pfälzischer Gemeinden als Fest auf der Straße abzuhalten. Die Idee war von Anfang an erfolgreich und hat seit 1972 die heute gewohnte Gestalt angenommen. In dieses Jahr fiel auch die Gründung der Verbandsgemeinde Deidesheim, deren Orte man in das Fest einbezog, so daß die Verbandsgemeinde bei diesem Anlaß erstmals nach außen hin in Erscheinung trat. 1972 entstand auch die Gruppe der „Kerwebuwe", die viel zum Festablauf beiträgt. Ein Jahr darauf wurde erstmals eine Weinprinzessin der Verbandsgemeinde gewählt.[70] So hat sich das Fest in der gegenwärtigen Form etabliert.

Anders steht es mit dem Katharinenmarkt, den es heute nicht mehr gibt. Die in den fünfziger und sechziger Jahren durch Totensonntag und Volkstrauertag nötig gewordenen Vorverlegungen führten dann wieder zu Kollisionen mit der Niederkirchener Martinikerwe. Dadurch verlor die Veranstaltung allmählich ganz ihre Bedeutung. Der Versuch, den Katharinenmarkt in den achtziger Jahren noch einmal zu beleben, schlug fehl. 1992 stand er noch im Deidesheimer Veranstaltungskalender, aber es gab ihn nicht mehr.

Als Fortsetzung der Deidesheimer Jahrmarkttradition könnte man den seit 1975 an den vier Adventswochenenden stattfindenden Weihnachtsmarkt ansehen. Dieser hat sich in der Zeit seines Bestehens zu einer äußerst niveauvollen und stimmungsvollen Veranstaltung entwickelt. Der Ruf des Deidesheimer Weihnachtsmarktes verbreitete sich in der weiteren Umgebung, so daß er zahlreiche Besucher anzieht.

Der Deidesheimer Festkalender ist inzwischen so gut eingeführt, daß niemand mehr an die ewigen Veränderungen früherer Zeiten denkt.

Vereinsleben

Die Anfänge

Das durch die Aufklärung hervorgerufene Bildungsbedürfnis macht verständlich, daß als erste Vereine in Deutschland gegen Ende des 18. Jahrhunderts Lesegesellschaften entstanden, die Bibliotheken anschafften und Zeitschriften hielten. Nach 1800 kamen Museums- oder Casinogesellschaften auf, die auch der Geselligkeit dienten. Wahrhaft volkstümlich waren aber erst die in den vierziger Jahren des 19. Jahrhunderts entstehenden Bewegungen der Sänger, Turner und Schützen. Sie waren „demokratisch" in dem Sinne, daß sie alle Stände umfassen wollten.

Aus den größeren städtischen Zentren breitete sich die Vereinsbewegung im Verlaufe des 19. Jahrhunderts geographisch wie sozial aus.

Die allererste Erwähnung eines Vereins in Deidesheim finden wir anläßlich des geschilderten Besuches König Ludwigs I. von Bayern mit seiner Gemahlin Therese im Juni 1829. Im Bericht über diesen Besuch, den der Bürgermeister Andreas Jordan am 29. Juni dem königlichen Landkommissariat in Neustadt erstattete, lesen wir, daß „die Musik des ...... hiesigen Musik-Vereins" ertönt sei.[71] Dieser gehörte offensichtlich zu einem größeren Verband, denn schon 1828 veranstaltete der „Musikverein des königlich bayerischen Rheinkreises" ein Musikfest in Neustadt, das der dortige „Local-Musik-Verein" organisierte.[72]

Ob es sich bei dem 1861 aufgelösten Deidesheimer Musik-Verein noch um dieselbe Formation gehandelt hat, muß offen bleiben. Damals ließ der Vorsitzende des Vereins Friedrich Deinhard in einer Mitgliederversammlung die Überweisung des Vereinsvermögens an den neugegründeten Turnverein beschließen.

Im Jahr 1835 geben die Akten für die Deidesheimer Vereinsgeschichte wieder etwas her. Am 15. November gründete eine Reihe von Honoratioren das „Casino". Unter den Gründern finden sich neben anderen die Namen Jordan, Gießen, Eckel, Schuler und der des Pfarrers Schnetter. Die Satzung war überschrieben „Statuten des gesellschaftlichen Vereines zu Deidesheim". Der § 1 lautete: „Der Zweck des Vereines unter dem Namen Casino, ist anständige Erholung, gesellschaftliche Unterhaltung und Beförderung gemeinschaftlichen Frohsinns, durch die Mittel, welche dem Gebildeten zu Gebote stehen." Dieser Paragraph läßt den Schluß zu, daß es sich um eine gesellige Runde von Herren handelte, die sich laut § 2 der Statuten täglich zwischen nachmittags 4 und abends 10 Uhr treffen konnte.

Nirgends ist überliefert, wie lange dieser „gesellschaftliche Verein" bestand. Aber einiges läßt darauf schließen, daß er seine Fortsetzung nach einer Unterbrechung in der am 31. August 1846 „neu gebildeten Lesegesellschaft" fand, denn die Namen der Gründungsmitglieder waren mit denen des früheren „Casino" weitgehend identisch; außerdem wurde in Deidesheim auch der neue Verein so lange er bestand „Casino" genannt.

Einiges hatte sich aber doch geändert. So konnten Damen als außerordentliche Mitglieder aufgenommen werden, und neben der Auslage von 6 politischen, 6 „belletristischen" und einer landwirtschaftlichen Zeitung im Lesezimmer wurde eine Bibliothek eingerichtet. Außerdem entwickelte sich ein Festleben mit Bällen und anderen Unterhaltungen. Das Mitgliederverzeichnis vom März 1858 enthält 52 Namen, davon sieben aus Forst. Vorstand war Franz Peter Buhl, Sekretär Eduard Gießen, Bibliothekar Johann Baptist Kimich.[73]

Die gebildete und wohlhabende Oberschicht Deidesheims, die fast ausschließlich aus Weingutsbesitzern bestand, hatte mit dem „Casino" über neunzig Jahre hinweg ihren geselligen und gesellschaftlichen Mittelpunkt, der Angehörigen anderer Sozialschichten allerdings kaum zugänglich war.

Herrenrunde im „Casino" um 1890, von links nach rechts: Franz Buhl, Emil Bassermann, Oskar Schmitt, Ferdinand Kimich

Die demokratisch bestimmte Vereinsbewegung fand ihren frühesten Vertreter im Männergesangverein „Liederkranz", der 1845 gegründet wurde. In dieser Zeit entstanden in der Pfalz, aber auch sonst in Deutschland allenthalben Gesangvereine, im selben Jahr 1845 beispielsweise in den Nachbarorten Gönnheim, Kallstadt, Hambach und Meckenheim, gar schon 1840 in Königsbach und 1846 in Lambrecht. Insgesamt sollen zwischen 1834 und 1848 in der Pfalz fünfzig Gesangvereine gegründet worden sein.

Im Gegensatz zum „Casino" spielten die Standesunterschiede in den Gesangvereinen kaum eine Rolle. Zwar war die Hälfte der 22 aktiven Deidesheimer Sänger Winzer, doch sangen auch drei Gutsbesitzer, vier Handwerker, zwei Kaufleute und zwei Lehrer mit. Das kam der Sozialstruktur der Deidesheimer Bevölkerung relativ nahe. Unter den zehn fördernden Mitgliedern waren die Gutsbesitzer Franz Peter Buhl, Ludwig Andreas Jordan, Adam Henrici und Andreas Seyler. Die beiden Lehrer Franz Biffart und Karl Rohr übernahmen die Leitung des Vereins. Rohr war zugleich Vorsitzender und Dirigent[74]

Schon im Mai 1846 gab der Verein sein erstes Konzert, dem sich ein Ball anschloß. Im September des selben Jahres wurde die erste Vereinsfahne geweiht. Am 1. August 1847 führte der erste Vereinsausflug nach Mannheim.

Die aktiven Mitglieder waren verpflichtet, an den wöchentlich zweimal stattfindenden Singstunden teilzunehmen. Die Aufnahme neuer Mitglieder geschah durch Ballotage, ein Verfahren, das in vielen Vereinen noch lange angewandt wurde. Der „Liederkranz" hatte dazu 50 weiße und 50 schwarze Kugeln angeschafft. Bei der Abstimmung über eine Neuaufnahme warfen die Mitglieder bei Zustimmung eine weiße, bei Ablehnung eine schwarze Kugel in einen Behälter. So blieb die Abstimmung geheim.

Die revolutionären Vorgänge von 1848 und 1849 führten zwar nicht zu einem Verbot des „Liederkranzes", doch schienen einige Mitglieder den Behörden durchaus verdächtig. So waren unter anderen die beiden den Verein führenden Lehrer Franz Biffart und Karl Rohr als Anhänger der Revolution aufgefallen und wurden von September 1849 an unter Polizeiaufsicht gestellt. Die Vereinsmitglieder störte das nicht, im Gegenteil, viele hatten selbst mit der Revolution sympathisiert.

1850 hatte der „Liederkranz" 56 aktive und 29 passive Mitglieder. Um diese Zeit war auch schon ein beachtlicher Bestand an Noten vorhanden. 1854 schenkte Frau Josephine Buhl dem Verein ein Tafelklavier.

Ansonsten entwickelte sich der „Liederkranz" mit seinen Konzerten, Theateraufführungen, Bällen und Ausflügen zu einer hochgeschätzten Institution, die das kulturelle Leben in Deidesheim lange Zeit maßgeblich bestimmte.

Die ersten pfälzischen Turnvereine wurden im Sommer 1846 in Frankenthal, Speyer, Zweibrücken und Neustadt gegründet, doch gab die Regierung in Speyer auf deren Genehmigungsanträge nach langem Hin und Her und Rückfragen in München am 19. Dezember des Jahres einen ablehnenden Bescheid. Es hieß, die Notwendigkeit, Turnvereine zu schaffen, bestehe nicht. Im rechtsrheinischen Bayern habe sich dafür bislang kein Bedarf gezeigt. Natürlich wußte man, daß die körperliche Ertüchtigung nicht das einzige Ziel der Turnbewegung war und verhielt sich den politischen Vorstellungen der Turner von Freiheit und Einheit Deutschlands gegenüber außerordentlich mißtrauisch. Die Turnerei wie überhaupt die damals entstehenden Vereine mit ihren demokratischen Organisationsformen erschienen den Behörden nachgerade als Keimzellen der Revolution. Die maßgeblichen Persönlichkeiten der Turnbewegung stärkten diese Ansicht und hielten sich 1848 auch nicht mehr zurück. Im Frühjahr dieses Jahres hieß es in Deidesheims Nachbarstadt: „Der Zweck des Neustadter Turnvereins ist, für die Freiheit und Einheit des deutschen Volkes mitzuwirken, sowie den Brudersinn und die geistige Kraft seiner Glieder zu heben." 1849 gab es in der Pfalz bereits 14 Turnvereine, namentlich in den größeren Städten.

Auch in Deidesheim kam es zur Gründung eines, wenn auch nur kurzlebigen Turnvereins.[75] Nach seiner Gründungsversammlung am 28. Januar 1849, zu der wohl schon gegen Ende des Jahres 1848 aufgerufen worden war, bat der Ausschuß des Vereins den Stadtrat um Überlassung des Königsgartens für seine Turnübungen, was dieser auch genehmigte. Das Schreiben des Ausschusses war von folgenden Personen unterzeichnet: „Ferd. Schuler (Vorstand), Wilh. Schaeffer (Turnwart), J.B. Förderer (Schriftwart), G. Stadler (Säckelwart) und Gg. Deck (Zeugwart)." Alle diese Personen gehörten zugleich der im April 1848 gebildeten Bürgerwehr an. Ihnen galt die Turnerei als Vorschule für die Verteidigung bürgerlicher Freiheiten. Allerdings exponierten sich nur wenige Deidesheimer während der revolutionären Ereignisse, wenn auch der Turnerkongreß in Kaiserslautern am 29. April 1849 das unmittelbare Vorspiel für den offenen Aufruhr gewesen war.[76] Danach hören wir vom Deidesheimer Turnverein vorerst nichts mehr.

Mit dem bayerischen Vereinsgesetz vom 26. Februar 1850 wurden ohnehin alle als politisch geltenden Vereine verboten. Hierzu rechneten die Turnvereine, nicht aber die Gesangvereine. Erst 1860 wurde die Turnsperre aufgehoben. Die einschlägigen Vereine schienen inzwischen tolerierbar, obwohl sie zunächst immer noch, wenn auch gemäßigt, liberales und nationales Gedankengut vertraten und die Farben schwarz-rot-gold führten.

Aus der Zeit vor der Revolution von 1848/49 ist noch von einem Verein zu berichten, der, nachdem er seinen Zweck erfüllt hatte, auch wieder verschwand. Die Hungerjahre 1846 und 1847 mit ihren Mißernten führten in Deidesheim im Winter 1847 und im darauf folgenden Jahr zur Einrichtung einer Suppenküche für die ärmere Bevölkerung. Der damals eigens gegründete „Frauen-Verein" kümmerte sich um das Kochen und die Verteilung der

Suppen. Am 27. Januar 1848 ließ ein aus sieben Honoratioren bestehendes „Comité" eine Spendenliste umgehen, in die man sich für die Monate Februar und März mit entsprechenden Beiträgen einzeichnen konnte. Die „Suppenanstalt" sollte nur „bis zum Beginne der Feldarbeiten" bestehen. Damit sollte auch der Bettel unterdrückt und die „Beförderung der Moralität" bewirkt werden. Das „Comité" hielt es aber „für seine dringende Pflicht die wohlhabenden Bewohner der Stadt aufzufordern durch freiwillige Beiträge die Noth der Armen zu lindern".[77] Im Februar 1848 kamen durch die Sammlung 86 Gulden und 39 Kreuzer, im März 82 Gulden und 33 Kreuzer zusammen.

Von der Revolution von 1848/49 bis zur Reichsgründung

Das der Revolution folgende Jahrzehnt war für die Bildung neuer Vereine nicht gerade günstig. In dieser Zeit bestanden nur die Lesegesellschaft und der „Liederkranz", die, obwohl einzelne ihrer Mitglieder den Behörden unliebsam aufgefallen waren, ihr Vereinsleben relativ unbehelligt führen konnten. Allerdings mußten sie jede Veranstaltung eigens genehmigen lassen und das noch jahrzehntelang.

In den Jahren 1859 und 1860 begann eine Erweiterung des Deidesheimer Vereinslebens. Zunächst entstand der Cäcilien-Verein, der heute noch als katholischer Kirchenchor tätig ist, und dann ein neuer Turnverein, über den zunächst berichtet werden soll.

Am 2. Juli 1860 wurde in Deidesheim von jungen Leuten wieder ein Turnverein gegründet, nachdem Neustadt schon im März vorangegangen war. Bei der ersten Versammlung beschloß man die Statuten und wählte einen Turnrat (Vorstand). Dieser bestand aus acht Personen. Sprecher wurde Wilhelm Goerg, Turnwart Wilhelm Schaeffer. Außer dem Zeugwart, dem Schriftwart, dem Säckelwart und zwei Beisitzern wählte man auch einen Gesangwart. Es ging dem Verein auch jetzt nicht allein um die körperliche Ertüchtigung, sondern auch um die Persönlichkeitsbildung. So hielt man außer den Turnstunden über Winter jeden Mittwoch Zusammenkünfte mit allgemeinbildenden Vorträgen und Besprechungen ab, bei denen übrigens nicht geraucht werden durfte. Themen aus Politik und Religion waren streng untersagt.

Bei der Generalversammlung am 17. Januar 1861 hatte der Verein 34 aktive und 66 passive Mitglieder, außerdem 21 Zöglinge, insgesamt also 121 Mitglieder. Für 1861 billigte man dem Turnwart ein Jahreshonorar von 60 Gulden, dem Gesangwart eines von 20 Gulden und dem Vereinsdiener ein solches von 18 Gulden zu.[78]

Schon am 22. Juli 1860 waren die Vertreter der neugegründeten Turnvereine Neustadt, Lambrecht, Maikammer, Dürkheim und Deidesheim in Neustadt zusammengekommen, um einen organisatorischen Zusammenschluß vorzubereiten, der dann am 21. April 1861 auf der Burg Diemerstein zur Begründung des Pfälzer Turnerbundes führte.[79]

Am 28. Juli 1861 beging der Turnverein Deidesheim sein erstes Stiftungsfest mit einem Turnfest, zu dem er alle pfälzischen Turnvereine und die von Mannheim, Heidelberg und Karlsruhe einlud. Das erste pfälzische Turnfest vom 8. bis 10. September 1861 brachte in Neustadt 800 Turner, darunter auch die Deidesheimer, zusammen.

Am 13. Januar 1862 wählten die Deidesheimer Turner Heinrich Meilhaus zu ihrem neuen Sprecher. Dr. Franz Armand Buhl wurde am 7. März als aktives Mitglied in den Verein aufgenommen. Am 27. Juli 1862 wurde in einem großartigen Fest die schwarz-rot-goldene Turnerfahne von Deidesheimer „Frauen und Jungfrauen" dem Verein übergeben. Im Oktober erklärte die Regierung in Speyer die Turnvereine erneut zu politischen Vereinen und löste den Pfälzer Turnerbund auf. Hauptargument dafür war die Debatte um das sogenannte „Wehrturnen", bei dem der Staat Übergriffe auf seine Hoheitsrechte sah.

Um die Auflösung des Turnvereins Deidesheim zu vermeiden, schlug Dr. Buhl eine Satzungsänderung vor, deren Wortlaut besagte, daß der Verein keinerlei politische Ziele verfolge, worauf Meilhaus, der als einziger dagegen gestimmt hatte, sein Vorstandsamt niederlegte, und die Turner Dr. Franz Armand Buhl zum Sprecher des Vereins wählten. Als das königliche Staatsministerium am 26. Mai 1863 einen weiteren Erlaß über politische Vereine herausgab, mußte die Satzung noch einmal geändert werden, was vermutlich zu keinem Erfolg führte, denn der letzte Eintrag im Protokollbuch des Turnvereins betrifft eine Turnratsitzung vom 10. Dezember 1863. Das Protokoll wurde nicht zu Ende geschrieben.

Erst nahezu 13 Jahre später wird, als ob nichts gewesen wäre, das Protokollbuch auf der nächsten Seite mit der „Neugründung des Turnvereins" am 2. August 1876 fortgeführt, nun allerdings unter veränderten politischen Verhältnissen.[80]

Daß der Wert des Turnens für die Jugend in Deidesheim aber längst erkannt worden war, zeigt der einstimmige Beschluß des Stadtrates vom 29. Dezember 1868, den Turnunterricht an der Knabenschule einzuführen. Für die Mädchen geschah dies erst 1907.

Während der Zeit, in welcher der Turnverein nicht existierte, fanden viele Turner bei der Löschmannschaft die Möglichkeit, ihre Vorstellungen von körperlicher Übung und deren Nutzanwendung für das Gemeinwohl zu verwirklichen. Viele freiwillige Feuerwehren entstanden um 1860 herum. In Deidesheim gab es zwar noch lange keine als Verein organisierte freiwillige Feuerwehr, doch war spätestens 1857 klar geworden, daß das Feuerlöschwesen neu geordnet werden mußte. Im Stadtratsprotokoll vom 20. März 1857 wird vermerkt, daß weder eine Brandordnung noch eine Feuerwehr bestünde. Am 11. Juli hieß es aber, daß jetzt eine Feuerwehr gebildet würde. Nach der Feuerlöschordnung von 1863 waren alle Bürger und Beisassen, die das Bürgermeisteramt bestimmte, zum entsprechenden Dienst verpflichtet. Überdies konnten auch Freiwillige in die Feuerwehr eintreten. So blieb es, bis nach dem Zweiten Weltkrieg die Deidesheimer Wehr in eine freiwillige umgewandelt wurde.

Aktie der Schützen-Gesellschaft zur Finanzierung eines Schießstandes

Im Jahre 1863 bildete sich die Deidesheimer Schützen-Gesellschaft, die am 13. Juli den Antrag stellte, einen Schießstand anlegen zu dürfen. Zur Finanzierung des Vorhabens gab die Gesellschaft Aktien über zehn Gulden heraus. Vorstand war Franz Armand Buhl, der zu dieser Zeit auch den Turnverein leitete. Die Schützen-Gesellschaft hat wohl drei Jahre später noch bestanden. Von ihr hören wir aber in der Folgezeit nichts mehr.[81] Möglicherweise übernahm der Turnverein ihre Funktion, denn dieser hatte bereits am 18. März 1861 einen Schießwart gewählt. Vielleicht mußte sich aber die Schützen-Gesellschaft aus den selben Gründen wie der Turnverein auflösen.

In den vierziger und fünfziger Jahren des 19. Jahrhunderts entstanden in der Diözese Speyer, zu der Deidesheim gehörte, allenthalben Kirchenchöre. Das mag damit zusammenhängen, daß 1839 in Speyer ein katholisches Lehrerseminar eröffnet wurde, an dem die angehenden Lehrer auch als Organisten und Chorleiter ausgebildet wurden. Diese setzten das Gelernte in die Praxis um und leiteten Gesangvereine und Kirchenchöre, oft nebeneinander, oft auch ohne das eine vom anderen zu trennen, denn es handelte sich in jedem Fall um reine Männerchöre. Erst nach der Schaffung eines Diözesancäcilienvereins für die Diözese Speyer, die mancherlei Neuerungen in der Kirchenmusik mit sich brachte, wurden viele der bestehenden Kirchenchöre in gemischte Chöre umgewandelt.[82] Wann dies in Deidesheim der Fall war, läßt sich leider nicht eindeutig feststellen. Sicher war die neue Form aber um 1885 gefunden.

Was bis heute auch nicht eindeutig feststellbar ist, ist das Jahr der Vereinsgründung. Das älteste vorliegende Dokument ist das „Hauptbuch über Einnahmen und Ausgaben des Cäcilien-Vereins", das mit dem Jahr 1859 beginnt, was mit größter Wahrscheinlichkeit auch das Gründungsjahr gewesen sein dürfte.

Von 1861 an enthält das Hauptbuch detaillierte Angaben. Es wurde ein Harmonium angeschafft, Noten bezog man aus Speyer und Freising. Wir erfahren, daß am 22. November, dem Tag der heiligen Cäcilia, ein Ball stattfand, der sich in den Folgejahren wiederholte, manchmal auch mit einem Konzert verbunden. In der Fastnachtszeit gab es ein Festessen mit einem „Harmonie-Ball". Im März 1862 wurde ein Konzert veranstaltet. 1866 wird erstmals von einem Sommerausflug mit Musik in den Gemminger berichtet. In späteren Jahren tat man sich dazu gelegentlich auch mit anderen Vereinen zusammen.

Wieviele aktive Mitglieder der Cäcilienverein in seinen Anfangsjahren hatte, läßt sich nur schätzen. Es dürften gerade um die zwanzig gewesen sein, und wohlgemerkt nur Männer. Die Zahl der passiven Mitglieder wurde hingegen genau registriert. 1863 waren es 94, fünf Jahre später, im Jahr der Fahnenweihe, 119. Die Namen der neugewählten Ausschußmitglieder erfahren wir unter dem 15. Januar 1869. Es waren: August Körber, Heinrich Leidenheimer, Andreas Eichberger und Michael Glaser. Wer ganz zu Anfang den Chor leitete, ist nicht überliefert. Von 1863 an waren es die Lehrer Friedrich Wilhelm Mayer und Karl Nepomuk Rohr, die beide auch den Männergesangverein „Liederkranz" dirigierten, in dem ein Teil der Kirchenchorsänger gleichfalls Mitglied war. Mayer blieb bis 1904 dem Kirchenchor als Dirigent verbunden.

Der Cäcilienverein unterschied sich in den ersten Jahrzehnten seines Bestehens in seinen geselligen und kulturellen Aktivitäten kaum von einem anderen Gesangverein. Freilich war ein großer Teil seines musikalischen Repertoirs auf kirchliche Bedürfnisse abgestimmt, aber keineswegs ausschließlich. Einen geistlichen Präses gab es noch nicht.

Betrachtet man das Deidesheimer Vereinsleben zwischen 1860 und 1870 im Ganzen, so macht es mit seinen Bällen, Konzerten, Ausflügen in die nächste Umgebung und sonstigen geselligen Gepflogenheiten noch durchaus einen biedermeierlichen Eindruck. Der politische Impetus, der die Anfänge des Ver-

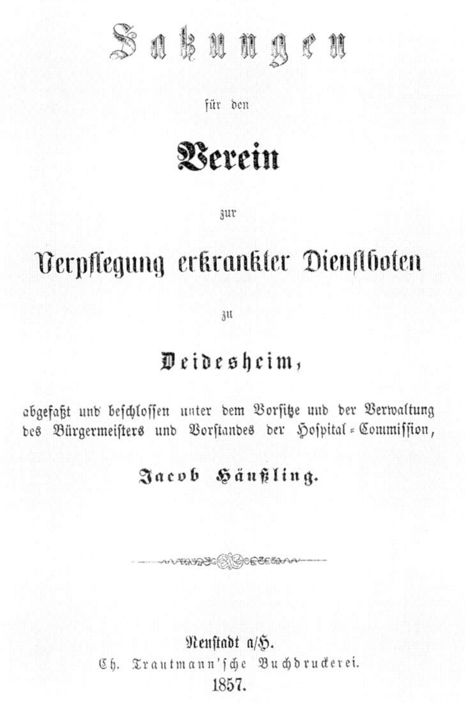

Satzungen

für den

Verein

zur

Verpflegung erkrankter Dienstboten

zu

Deidesheim,

abgefaßt und beschlossen unter dem Vorsitze und der Verwaltung
des Bürgermeisters und Vorstandes der Hospital-Commission,

Jacob Häusling.

Neustadt a/H.
Ch. Trautmann'sche Buchdruckerei.
1857.

Der „Verein zur Verpflegung erkrankter Dienstboten" war eine frühe Form lokaler Krankenversicherung, der jeder Arbeitgeber sein Personal anmelden mußte.

einswesens bestimmt hatte, war verflogen. Der Turnverein, bei dem man ihn noch hätte vermuten können, verschwand für dreizehn Jahre in der Versenkung.

Der Verschönerungsverein und der schon 1857 gegründete „Verein zur Verpflegung erkrankter Dienstboten und Handwerksgehilfen" waren keine Vereine im üblichen Sinne, sondern eher Interessenverbände. Bei letzterem handelte es sich schlicht um eine Pflichtversicherung, der jeder Deidesheimer und Niederkirchener beitreten mußte, wenn er von auswärts gekommenes Personal beschäftigte, damit dieses im Krankheitsfalle in das Hospital aufgenommen werden konnte. Wer innerhalb von vierzehn Tagen nicht angemeldet war, sollte nach § 6 der Satzung „ohne Weiteres aus hiesiger Stadt ausgewiesen werden".[83]

So beschränkte sich das eigentliche Vereinsleben auf die Lesegesellschaft („Casino") und die beiden Gesangvereine „Liederkranz" und Cäcilienverein. Die Lesegesellschaft mit ihren eigenen Bibliotheks- und Versammlungsräumen umfaßte ausschließlich Angehörige der Oberschicht. Die „Gebildeten von unbescholtenem Rufe" blieben unter sich.[84] Die beiden Sängervereine hatten mehr Gemeinsamkeiten. Allerdings drückte sich auch hier eine soziale Differenzierung aus, insofern der „Liederkranz" in Aktivität, Passivität und Vorstandschaft einen ungefähren Querschnitt der Bevölkerung repräsentierte, während im Cäcilienverein die Gutsbesitzer nur passive Mitglieder waren und Winzer und Handwerker im Chor sangen.

Im Kaiserreich bis zum Ersten Weltkrieg

Das Jahr 1871 stellte in der politischen und kulturellen Entwicklung Deutschlands einen merklichen Einschnitt dar. Nach dem Sieg über Frankreich und dem Entstehen des neuen deutschen Kaiserreiches verbreitete sich allenthalben eine patriotische Begeisterung, die kaum noch Platz ließ für schwarz-rotgoldene Ideen. Das machte sich auch im Vereinsleben bemerkbar.

Die Zahl der Vereine steigerte sich zunächst zwar nur zögernd, doch von den neunziger Jahren an bis zum Ersten Weltkrieg wuchs sie immer rascher. Zugleich trat, den sich wandelnden Interessen der Bevölkerung entsprechend, eine zunehmende Differenzierung nach Vereinsarten ein. Manche Vereine waren natürlich zeit- oder modegebunden, so daß nur wenige auch noch heute bestehen.

Es ist nicht verwunderlich, daß nach dem Krieg von 1870/71 ein Kriegerverein ins Leben gerufen wurde. Solche Vereine hatten damals regelrechte Konjunktur. Mit beachtlichen Mitgliederzahlen wurden sie zu einem nicht zu übersehenden Faktor des Gemeindelebens.

Seinen Statuten nach wollte der hiesige Verein „die Erinnerung an die große Zeit der Jahre 1870–71 wach halten". Die „Treue zum angestammten Königshause" und zu Kaiser und Reich sowie die Liebe zum Vaterland wurden besonders hervorgehoben. „Jedes politische Parteigetriebe" sollte ferngehalten werden. Der Ausschuß des Vereins hatte zehn Mitglieder, von denen zumindest die beiden Vorsitzenden und fünf weitere Mitglieder den Feldzug von 1870/71 mitgemacht haben mußten.

„Um den abzuhaltenden Festlichkeiten ein feierliches Gepräge zu geben", hatte der Verein eine achtzehnköpfige „Gewehr-Sektion" , die auch bei der Beerdigung von Kameraden „die üblichen Gewehrsalven" abgab.

Als die zweite Fassung der „Statuten des Krieger-Vereins Deidesheim-Forst" 1887 in Kraft trat, war der Landtagsabgeordnete Dr. Eugen von Buhl Vorsitzender des Vereins.

Manche Feierlichkeiten in Deidesheim fanden unter der Führung des mitgliederstarken Kriegervereins statt. Zu seinen alljährlichen Sedansfeiern lud er auch andere Vereine ein. 1907 fand der „Pfälzische Kriegertag" in Deides-

Ausmarsch des Kriegervereins um 1905

heim statt. Am 18. Oktober 1913 veranstaltete der Kriegerverein in Erinnerung an die Befreiungskriege ein Höhenfeuer auf dem Wallberg.

1891 bildete sich der Militär-Verein Deidesheim mit ähnlicher Zielsetzung, aber mit geringeren Anforderungen an die aufzunehmenden Mitglieder. Wer mindestens sechs Wochen gedient hatte, konnte eintreten. Die Ausschußmitglieder mußten keinen Feldzug mitgemacht haben. Der Militärverein umfaßte zumeist jüngere Mitglieder, eben keine Veteranen wie der Kriegerverein. Der Ausschuß bestand bei der Vereinsgründung 1891 nur aus Winzern und Handwerkern. In seinen späten Jahren nach dem Ersten Weltkrieg war der Militärverein nur noch eine Unterstützungsgemeinschaft.

Um 1870 gab es in Deidesheim keinerlei vereinsgebundene sportliche Betätigung. In dieser Zeit schuf sich aber die Oberschicht eine standesgemäße Möglichkeit. Eine Reitbahngesellschaft unter dem Vorsitz des damaligen Stadtrates und späteren Landtags- und Reichstagsabgeordneten Dr. Andreas Deinhard nahm 1873 eine Reithalle in Betrieb, die heute noch, wenn auch zweckentfremdet, existiert.

Nach der Wiedergründung des Turnvereins 1876 überließ man diesem über Winter die Reithalle mietweise zweimal in der Woche, aber, wie es hieß, „erst nach eingetretener Dunkelheit, damit die Reit-Abonnenten nicht gestört sind". Die Turner verpflichteten sich überdies, die Geräte immer wegzuräumen.[85]

Beim Eislauf 1886, von links: „Dr. Kling, Mila Kling, Gebert, Weiss, Jula Gießen, Marie Hbg.(?), E. Görg, Anna Görg, A. Eckel, Johanna Görg"

Als man, um auch ein Wintervergnügen zu haben, in der kalten Jahreszeit eine Schlittschuhbahn anlegte, übernahm das der selbe Verein und änderte seinen Namen in Reit- und Eisbahngesellschaft.

Daß das Bedürfnis nach körperlicher Betätigung in weiten Bevölkerungskreisen vorhanden war, zeigte sich bei der von dem früheren Turnwart Wilhelm Schaeffer auf den 2. August 1876 einberufenen Versammlung. Nach dreizehnjähriger Pause wurde der Turnverein, jetzt unter dem Namen „Turn-Gemeinde", wieder begründet, und sofort traten ihm 65 aktive und 62 passive Mitglieder bei. Über Sommer wollte man allabendlich turnen.

Zum 1. Sprecher wurde Friedrich Kircher, zum 1. Turnwart, wie früher schon, Wilhelm Schaeffer gewählt. Dieser wurde auch Fechtwart, ein Amt, das den früheren Schießwart ersetzte. Einen Gesangwart gab es auch wieder. Dazu wählte man den Lehrer Georg Buscher, der auch den „Liederkranz" dirigierte. Die alten Statuten wurden nur wenig verändert und blieben so bis 1908.

Schon im Mai folgenden Jahres wurde der neue Verein in den Pfälzer Turnerbund aufgenommen und einen Monat später veranstaltete er das erste Schauturnen in der Reitbahn. Dieses begann am Vormittag mit einem Vorturnerkurs. Nach einem gemeinsamen Mittagessen im Gasthaus zum Bahnhof des Turnwarts Wilhelm Schaeffer ging ein Festzug mit Musik vom Andreasbrunnen zur Reitbahn. Von 3 bis 6 Uhr am Nachmittag war dann das eigentliche Schauturnen, daran anschließend „Reunion" im Garten von Schaeffer. Seinen Abschluß fand das Fest mit einem Ball im Saal von Carl Bried.

Nach ähnlichem Schema verliefen in den Folgejahren die Schauturnen und andere Feste des Vereins, darunter die Feier des hundertsten Geburtstages von Turnvater Jahn am 11. August 1878. Das Bezirksturnfest am 20. September 1885 war mit dem 25-jährigen Stiftungsfest der Turngemeinde verbunden. Weitere Gauturnfeste wurden 1898 und 1904 in Deidesheim abgehalten.

Die Statuten der Deidesheimer Turngemeinde schrieben in ihrem Paragraphen 1 als Vereinszweck neben der körperlichen auch die geistige Ausbildung fest. Es paßte daher durchaus zum Vereinszweck, daß Dr. Friedrich Bassermann-Jordan, der damalige Vorsitzende, 1903 dem Verein eine stattliche Anzahl Bücher aus seinem Besitz schenkte und damit diesem eine eigene Bibliothek eröffnete. 1908 stiftete der Vorsitzende dem Verein auch die drei „prachtvoll gefaßten Bände" seiner berühmten Geschichte des Weinbaus.

In ihrer Generalversammlung am 13. Januar 1908 beschloß die Turngemeinde, eine Damenriege zu gründen. Sie folgte damit einer allgemeinen Tendenz. Zwei Jahre danach wurde berichtet, daß durchschnittlich zehn Turnerinnen an den Übungsabenden teilnähmen. Der Satzung des Vereins wurden noch zehn Paragraphen hinzugefügt, welche die Rechte und Pflichten der Damen regelten. Der § 35 lautete: „Die Übungen werden nach der Eigenart des weiblichen Körpers und nach den Forderungen der Gesundheits- und Schönheitslehre ausgewählt und finden in dem vorgeschriebenen Turnanzug statt." Es gab einen vom Turnrat gewählten männlichen Übungsleiter.

Sofern Frauen überhaupt zu den Vereinen Zugang hatten, waren sie, zumindest bis nach dem Ersten Weltkrieg, kaum irgendwo vollwertige Mitglieder. Zwar ließ sie die Lesegesellschaft schon 1846 als außerordentliche Mitglieder zu, aber sie waren eben als solche nicht stimmberechtigt und schienen keinesfalls für irgendwelche Ämter geeignet. Die Ausnahme bildete in Deidesheim der 1892 gegründete „Frauenverein". Er widmete sich der Ausbildung zur Krankenpflege und der Fürsorge für kranke Wöchnerinnen und Kinder. Später gehörte er zum Roten Kreuz. Nicht ganz klar ist die Situation im Cäcilienverein, in dem die Frauen seit den achtziger Jahren des 19. Jahrhunderts mitsingen durften.

Eine Erweiterung des Freizeit- und Sportangebots schuf der 1885 gegründete Badeverein Deidesheim, der bereits im nachfolgenden Jahr das Schwimmbad eröffnete. Das heutige moderne Deidesheimer Bad befindet sich noch am selben Platz.[86]

Schon relativ früh, um 1893, organisierte sich ein Radfahrerverein, von dem wir leider so gut wie gar nichts wissen. Der Radsport war allerdings in den neunziger Jahren wegen der hohen Preise für Fahrräder noch ein teures Vergnügen, das sich nicht jeder leisten konnte. Das hatte sich geändert, als anstelle des bald wieder verschwundenen Radfahrervereins 1911 der neue Radsportklub „Torpedo" entstand, der aber auch den Ersten Weltkrieg nicht überlebte.

Dasselbe läßt sich von dem 1910 gegründeten Zimmerstutzen-Verein „Bavaria" sagen, dessen Sportart ohnehin recht bald wieder aus der Mode kam.

Anders war es mit der seit 1906 bestehenden Ortsgruppe Deidesheim des Pfälzerwald-Vereins, die heute noch aktiv ist. Ihr erstes Mitgliederverzeichnis vom 15. Februar 1906 umfaßt 29 Namen, an vorderster Stelle den des Bürgermeisters Dr. Ludwig Bassermann-Jordan. Die Vereinsgründung scheint auf Initiative des Wirtes zur Kanne Adolf Schaeffer zustande gekommen zu sein. Vier Jahre zuvor war der Pfälzerwald-Verein in Ludwigshafen nach dem Vorbild des Odenwaldklubs gegründet worden. Die Deidesheimer Ortsgruppe wuchs rasch und hatte ein Jahr nach ihrer Gründung schon über 100 Mitglieder. Bis zum Ersten Weltkrieg waren es um die 150. Den Vorsitz übernahm zunächst der Lehrer Georg Nick. 1908 löste ihn Adolf Schaeffer für nahezu zwanzig Jahre ab. Die Sozialstruktur der Mitgliederschaft war relativ hoch einzustufen. So waren alle Lehrer, die meisten Gutsbesitzer, sodann Post- und Bahnbeamte sowie Kaufleute und viele Handwerksmeister Mitglied. Winzer gehörten dem Verein damals nicht an, dafür aber vereinzelte Frauen wie die Lehrerin Fräulein Püls, die 1906 nach Deidesheim versetzt wurde und an ihrer vorhergehenden Stelle bereits Mitglied gewesen war. Beim Betrachten früher Vereinsfotos fällt auf, daß manchmal fast die Hälfte der Wanderer Frauen gewesen sind. Das war, verglichen mit anderen Vereinen, durchaus ungewöhnlich.

Die gelegentlich versuchte Gründung von Geselligkeitsvereinen nach dem Vorbild der Lesegesellschaft hatte keinen Bestand. So wurde das „Bürger-Casino" nach wenigen Jahren 1906 wieder aufgelöst. Der Verein „Harmonie" existierte von 1897 an immerhin fünfzehn Jahre lang.[87]

Von den neunziger Jahren des 19. Jahrhunderts an entstanden unter der Bezeichnung „Verein" eine ganze Reihe von Zusammenschlüssen, die wirtschaftlichen und beruflichen Interessen gewidmet waren, aber kaum das sonst übliche gesellige Vereinsleben führten. Einige, wie der Darlehenskassenverein oder der Winzerverein erlangten als Wirtschaftsunternehmen eine große Bedeutung für Deidesheim. Beide waren dem Genossenschaftsgedanken verpflichtet wie er von Friedrich Wilhelm Raiffeisen propagiert worden war.

Ein Ortsviehversicherungsverein war 1896 entstanden, der Obstbauverein 1909 und der Bauernverein 1912. Die beiden letztgenannten hatten nur eine geringe Mitgliederzahl, währen der 1911 gegründete Ziegenzuchtverein zeitweilig einer der größten Deidesheimer Vereine war. Viele Kleinwinzer betrieben Ziegenzucht.

Andere Ziele verfolgte der „Gewerbeverein Deidesheim und Umgebung" von 1901, nämlich „Wahrung und Förderung der gewerblichen Interessen ...... sowie die Hebung und Belebung der gewerblichen Verhältnisse des Landes überhaupt".

Fastnacht im „Casino" um 1890; diese Feste standen immer unter einem bestimmten Motto. Die Kostümierung war oft sehr aufwendig.

Ausgesprochen konfessionelle, katholisch bestimmte Vereine entstanden in Deidesheim relativ spät. Da die Mehrheit der Bevölkerung katholisch und kirchentreu war, erschienen diese wohl nicht nötig. Erst mit zunehmender sozialer und politischer Differenzierung wurden kurz vor dem Ersten Weltkrieg unmittelbar hintereinander mehrere katholische Vereinigungen gegründet, die sich vorwiegend der Jugenderziehung und sozialen Aufgaben widmeten und praktisch alle zugleich auch Mitglied größerer Verbände waren. Als Vereinsgründer tat sich der 1910 für fünf Jahre nach Deidesheim gekommene Pfarrer Christian Kast besonders hervor. Innerhalb weniger Jahre wiesen zwar die katholischen Vereine beachtliche Mitgliederzahlen auf, doch bestimmten sie nicht das gesellschaftliche und kulturelle Leben in Deidesheim. Viele ihrer Mitglieder waren gleichzeitig in anderen Vereinen aktiv.

Als erster ist der Katholische Männerverein nachweisbar, der 1909 von dem Lehrer Georg Nick angeführt wurde. Der Stadtpfarrer stand dem 1912 gegründeten Katholischen Volksverein vor, der die „Förderung religiöser Interessen" als seinen Vereinszweck angab, diese aber durchaus auch politisch verstand. In einer gewissen Parallele zu der damals vor allem in größeren Städten mächtig aufkommenden Jugendbewegung rief man 1911 den Katholischen Jugend- und Jungmännerverein, 1912 die Marianische Jungfrauenkongregation, auch

„Marienverein" genannt, späterhin noch den Katholischen weiblichen Jugendverein ins Leben.

Religiös-sittlichen sowie sozialen und wirtschaftlichen Belangen seiner Mitglieder widmete sich der „Verein der katholischen Hausangestellten und Dienstmädchen".

Manche dieser Vereinigungen überstanden zwar den Ersten Weltkrieg, verschwanden aber spätestens mit den dreißiger Jahren.

Von den vor oder im Ersten Weltkrieg gegründeten katholischen Vereinen bestehen heute nur noch der Katholische Deutsche Frauenbund und der Elisabethenverein. Der letztere widmete sich der häuslichen Krankenpflege und war in den 1920-er Jahren der bei weitem mitgliederstärkste Verein Deidesheims, wobei von den Familien jeweils die Frau als Mitglied galt. Seine Aufgabenstellung hat sich mit der Einführung der Pflegeversicherung und mit der Bildung einer Sozialstation etwas verändert.

1911 sollten acht Oberbronner Schwestern in Deidesheim stationiert werden. Zum Unterhalt dieser Schwesternstation erschien die Gründung eines Elisabethenvereins notwendig, da vorhandene Stiftungen dafür nicht ausreichten. Die anfänglich 283 Mitglieder erwarben durch ihren Monatsbeitrag von 20 Pfennigen den ersten Anspruch auf die Krankenpflege durch die Schwestern, doch sollten nach den Statuten vom 1. Oktober 1911 „arme Kranke und Wöchnerinnen, welcher Religion sie auch angehören mögen, ohne Rücksicht auf ihre Vereinszugehörigkeit unentgeltlich gepflegt" werden. Erste Vorsteherin wurde Anna Siben, ihre Vertreterin Helene Kimich.[88]

Noch im Ersten Weltkrieg und als letzte Vereinsgründung in Zeiten der Monarchie wurde am Dreikönigstag 1918 die schon erwähnte Ortsgruppe des Katholischen Deutschen Frauenbundes gegründet. Ein wichtiger Anlaß für die Gründung waren die jungen Kriegerwitwen, denen ein gewisser Rückhalt geboten werden sollte. Bei der Gründungsversammlung traten 39 Frauen ein. Frau Frida Piper von Buhl übernahm den Vorsitz, ihre Stellvertreterin wurde die Handarbeitslehrerin Katharina Schreck. In den Notzeiten nach dem Ersten Weltkrieg wirkte der Frauenbund viel Gutes, doch wurde seine Tätigkeit im „Dritten Reich" völlig auf den kirchlichen Bereich eingeschränkt, so daß er größere Wirksamkeit erst in der Zeit danach entfalten konnte.

Daneben bestand schon der zwei Jahre ältere Christliche Mütterverein, mit 215 Mitgliedern im Jahre 1919.

Die katholischen Vereine dienten in erster Linie der Festigung des Glaubenslebens. Zum kulturellen Leben trugen vor dem Ersten Weltkrieg vor allem der „Marienverein" und der Jünglingsverein durch Theateraufführungen bei. Letzterer hatte im November 1913 noch einen Männerchor gebildet, und die Marianische Jungfrauenkongregation wagte sich im Mai 1914 sogar an Schillers „Jungfrau von Orleans".[89]

Vom Ersten Weltkrieg bis 1933

Während des Ersten Weltkrieges kam das Vereinsleben weitgehend zum Erliegen.

Der Männergesangverein „Liederkranz" hatte am 6. Februar 1914 den Fabrikbesitzer Josef Biffar zum Vorsitzenden gewählt, doch blieb dem Vorstand nach Kriegsausbruch nur noch die Verteilung von Liebesgaben. Von 1916 an schweigen die Vereinsprotokolle bis Weihnachten 1919. Damals wurden in der ersten Generalversammlung nach dem Krieg die Rechnungen der Jahre 1914 bis 1919 vorgelegt. Zu den zwei Singstunden in der Woche traf man sich erst wieder im Januar 1920.[90]

Der frühere Wiederbeginn des Vereinslebens nach dem Ersten Weltkrieg wurde durch Anordnungen der französischen Besatzungsmacht verhindert. So hatte der Turnrat der Turngemeinde auf den 23. März 1919 eine Generalversammlung einberufen, die von den Franzosen nicht genehmigt wurde. Sie konnte erst am 5. Dezember 1919 abgehalten werden. Dabei hatte sich die Turngemeinde vor dem Krieg in einem sichtlichen Aufschwung befunden. Zur Erweiterung des Angebots hatte man beschlossen, eine Spielabteilung mit Tamburinspiel, Fußball, Schlag- und Faustball zu gründen. Außerdem war dem Verein vom Stadtrat ein Turnplatz auf der Alten Bleiche zur Verfügung gestellt worden. Im Juni 1914 stand dort bereits ein Klettergerüst und die elektrische Beleuchtung war eingerichtet. Das wurde dann alles vorerst nicht mehr gebraucht.[91]

Nicht alle Vereine überdauerten den Krieg und die unmittelbare Nachkriegszeit. Bald danach setzte aber eine Welle von Vereinsgründungen ein.[92] Neben Sport-, Gesang- und Tierzuchtvereinen gab es vereinzelt Vereine mit politischem Hintergrund wie den 1921 gegründeten Arbeitergesangverein. Zwischen den beiden Weltkriegen kamen zu den etwa 25 zuvor in Deidesheim bestehenden Vereinen um die 20 weitere hinzu. Nicht alle waren von langem Bestand und sie werden darum auch nicht vollständig aufgezählt. Da muß es viele Mehrfachmitgliedschaften gegeben haben, weil ja nicht nur die Zahl der Vereine, sondern auch der Mitgliederbestand in den einzelnen Vereinen selbst zunahm. Das war aber nun nicht allein in Deidesheim so, sondern im gesamten Reichsgebiet. Der Höhepunkt im deutschen Vereinswesen war allerdings um 1925 bereits überschritten. Die Mitgliederzahlen und bald auch die Anzahl der Vereine wurden wieder kleiner. Die Ursachen dafür lagen in der schlechten Wirtschaftssituation und der damit einhergehenden Arbeitslosigkeit, aber auch in dem herrschenden Überangebot.

Unmittelbar nach Kriegsende wurde der Kegelklub „Gut Holz" mit 34 Mitgliedern gegründet, der 1929 noch mit 21 Mitgliedern bestand und von Franz Groppenbächer geleitet wurde. Mehr ist über den Klub nicht herauszufinden.

117

Am 27. Juli 1921 gründeten zwölf Deidesheimer im Gasthaus zur Kanne den Schwimmverein und wählten Max Reinach zu ihrem Vorsitzenden. Noch im Sommer fand ein Schau- und Werbeschwimmen und ein Wasserballspiel statt. Da man Schwimmunterricht erteilen wollte, ließ man drei Mitglieder als Schwimmlehrer ausbilden. Bis 1930 war die Mitgliederzahl auf 60 angestiegen. Daneben hatte die Turngemeinde seit 1925 eine Schwimmabteilung.

Nachdem der frühere Radsportklub „Torpedo" nicht wieder erstanden war, trafen sich am 25. März 1923 dreizehn Interessenten, um den Radfahrerverein „Edelweiß" zu gründen, der dann aber erst ein Jahr später wirklich zustande kam. Erster Vorstand wurde Georg Werner, sportlicher Leiter Jakob Jochum. Im November 1924 veranstaltete der Verein das erste Straßenrennen. Vom folgenden Jahr an fand fast jeden Sonntag ein Korsofahren statt. Mehrere Radballmannschaften wurden gebildet. Um diese Zeit hatte der Verein 60 Mitglieder, die häufig auch an auswärtigen Ereignissen teilnahmen. Große Förderer der Radsportsache waren Dr. Friedrich von Bassermann-Jordan und Fritz Meng, die daher beim ersten Stiftungsfest des Vereins 1929 zu Ehrenmitgliedern ernannt wurden.

Nur vier Jahre war der Verein für Bewegungsspiele selbständig gewesen, als er sich 1929 der Turngemeinde als Fußballabteilung anschloß. Fußball wurde allerdings in der Turngemeinde auch davor schon gespielt.

Für einige Jahre bestand neben den drei anderen Sportvereinen der Ortsverein der katholischen Deutschen Jugendkraft (DJK), den der Kaplan Josef Wally führte.

Eine andere katholische Vereinsgründung sollte für Deidesheim von Bedeutung werden, wenn auch eigentlich erst richtig nach dem Zweiten Weltkrieg, nämlich der Katholische Gesellenverein, die spätere Kolpingfamilie. Am 10. Dezember 1930 hatten sich drei Deidesheimer, die das Gesellenvereinswesen anderswo kennengelernt hatten, mit acht anderen Interessenten zusammengefunden und einen Gesellenverein in Deidesheim gegründet. Zu ihrem ersten Senior (Vorsitzenden) wählten sie Georg Hauer. 1932 machte der Gesellenverein, der sonst Vorträge und Ausflüge organisierte, eine Handwerksausstellung im großen Saal zum goldenen Adler. Im darauf folgenden Jahr begannen die Repressalien gegen den Verein, der in seinen Aktivitäten immer mehr eingeschränkt wurde, bis sie schließlich ganz aufhören mußten.

Von den Tierzuchtvereinen hatte der von früher her bestehende Ziegenzuchtverein, der auch für die Haltung männlicher Tiere sorgte, für viele Winzer eine nicht zu unterschätzende Funktion. In den zwanziger Jahren war die Zahl seiner Mitglieder auf 280 angewachsen gegenüber knapp 200 vor dem Ersten Weltkrieg.

Dagegen spielte die Kaninchenzucht eine äußerst geringe Rolle wie die Zahl von nur 18 Mitgliedern um 1930 in dem sieben Jahre zuvor gegründeten

Kaninchenzuchtverein „Edle Rasse" belegen mag. Hier handelte es sich um eine reine Liebhaberei, was ganz sicher auch von dem Brieftauben-Verein „Waldberg" gesagt werden kann, der 1932 entstanden war.

An dieser Stelle seien auch zwei Interessenverbände erwähnt, so der 1920 gegründete Reichsbund der Kriegsbeschädigten, Kriegsteilnehmer und Kriegshinterbliebenen und der Reichsverband ländlicher Arbeitnehmer, der sich selbst in seiner Satzung als christlich-nationale Vereinigung bezeichnete. Beide waren mit ihren jeweils um die 60 Mitgliedern Ortsgruppen reichsweit tätiger Verbände.

Auch die Entstehung zweier neuer konfessioneller Jugendgruppen ist für die zwanziger Jahre zu vermelden. 1921 schufen sich die Evangelischen ihren Protestantischen Jugendbund. Die etwas biederen katholischen Jugendvereine erhielten eine Ergänzung aus dem Geiste der Jugendbewegung in der Gruppe „Jungscharfeneck".

1925 bildete sich eine Arbeitsgemeinschaft Deidesheimer Vereine, der die meisten angehörten und die bis 1937 bestand. Sie vertrat ihre gemeinsamen Interessen gegenüber der Gemeinde und half sich mit Ausstattungsstücken und Materialien gegenseitig aus. Die Vereine besuchten sich bei ihren Festen und wirkten bei Programmen der anderen mit. Durch die häufigen Mehrfachmitgliedschaften ergaben sich nicht nur institutionelle, sondern auch vielfältige persönliche Vernetzungen. Die Arbeitsgemeinschaft Deidesheimer Vereine bildete im Dezember 1926 die Ausgangsbasis für den neuen Verkehrsverein, dessen Gründung insbesondere vom Bürgermeisteramt, aber auch von Bahn und Post unterstützt und am 25. Januar 1927 vollzogen wurde.

Um eine Vorstellung vom Deidesheimer Vereinsleben der 1920-er und frühen 1930-er Jahre zu geben, sei ein Blick auf einige Aktivitäten von „Liederkranz", Cäcilienverein, Turngemeinde und Pfälzerwald-Verein, die als Beispiele dienen mögen, geworfen.

Sobald die französische Besatzungsmacht es zuließ, nahmen die Vereine ihre gewohnte Tätigkeit wieder auf und luden durch die Ortsschelle zu ihren Versammlungen und Veranstaltungen ein. Am 30. Mai 1920 machte der „Liederkranz" ein Konzert mit anschließendem Ball wie es seit Bestehen des Vereins üblich gewesen war. Im folgenden Jahr widmete sich der Verein erstmals dem Theaterspiel und setzte diese Aktivität in den weiteren Jahren fort. 1932 wurde zum Beispiel die Operette „Der Jäger aus der Pfalz" aufgeführt. Bis heute ist diese Tradition im „Liederkranz" nicht erloschen. Damals gehörten viele kleinere gesellige Veranstaltungen und die Weihnachtsfeier mit Verlosung ebenso zum Jahresprogramm wie der Vereinsausflug. Dieser wurde gelegentlich schon mit dem Omnibus unternommen. Manchmal marschierte man aber bloß in die nähere Umgebung wie etwa am 4. September 1932 zusammen mit dem Militärverein und Musik ins Gimmeldinger Tal.

Pyramide der Turner zum 80-jährigen Jubiläum des Männergesangvereins „Liederkranz" am 24. Mai 1925

Höhepunkte im Leben aller Vereine waren von jeher Jubiläumsfeste. Sein 75-jähriges Bestehen beging der „Liederkranz" verspätet erst am 30. April 1922 mit einem Konzert und einer Festansprache von Bürgermeister Dr. Arnold Siben. Vorsitzender war damals Baron Ennoch von Guttenberg. Nach dieser bescheidenen Feier wurde das achtzigste Stiftungsfest umso aufwendiger am 23. und 24. Mai 1925 im Stil früherer Jubiläumsfeiern begangen. Es fing am Samstagabend mit Liedern und Musik am Marktplatz an, von wo aus zur Halle der Winzergenossenschaft marschiert wurde. Das Programm des Festbanketts bestritt neben dem Männerchor des Vereins ein mit Hilfe der Ehrendamen gebildeter gemischter Chor und eine eigens aufgestellte Veteranenabteilung. Zu dem bereits um 6 Uhr am Sonntagmorgen ertönenden Weckruf erschienen sämtliche Festausschußmitglieder in Frack und Zylinder. Am Vormittag konzertierten Gastchöre in den Sälen von Winzerverein und Winzergenossenschaft. Nachmittags erklangen Massenchöre auf dem Marktplatz, worauf der Vorsitzende eine Festrede hielt, die mit einem „dreifachen Hoch auf unsere deutsche Pfalz" schloß. Der Festzug zur Alten Bleiche wurde vom Radfahrerverein „Edelweiß" angeführt. Zahlreiche auswärtige und fast alle Deidesheimer Vereine folgten. Der Festplatz konnte die Besucher gar nicht alle fassen.

Sehr ähnliche Stiftungsfeste feierten auch andere Vereine, so die Turngemeinde 1930 ihr 80-jähriges und der Pfälzerwald-Verein 1931 sein 25-jähriges.

Von Anfang an hatte die Ortsgruppe Deidesheim des Pfälzerwald-Vereins ein Jahresprogramm, das allmonatlich eine „Planwanderung" vorsah. Hinzu kamen noch einige „Sonderwanderungen" Das ist übrigens bis heute so geblieben. Für die Teilnahme an allen Wanderungen gab und gibt es beim Schlußfest eine Auszeichnung. Neben geselligen Veranstaltungen, die immer von der „Hauskapelle" begleitet wurden, hielt der Verein auch Lichtbildervorträge ab. In den 1920-er Jahren wurde der Grimmeisen-Brunnen hergerichtet, die Brücken im Sensen- und Kupferbrunnertal hergestellt und viele Wegmarkierungsarbeiten geleistet. Ein wichtiges Ereignis war die Schenkung der 1908 von Kurt Gießen errichteten „Waldschenke" an den Pfälzerwald-Verein 1932, im Jahr nach dem glänzenden 25-jährigen Vereinsjubiläum. Bedingung

Mitglieder des Pfälzerwald-Vereins vor der Waldschenke um 1910

war, daß der Verein Weine des Gießenschen Gutes ausschenkte. Nach vielen Um- und Anbauten ist die „Waldschenke" bis heute ein beliebtes Ausflugsziel, war aber immer auch eine Herausforderung an den Verein, besonders in der ersten Zeit, als die Mitgliederzahl rapid abnahm. Von 237 im Jahre 1923 hatte sie sich zehn Jahre später auf weniger als die Hälfte verringert.

Ein herausragendes Ereignis war für Deidesheim in den zwanziger Jahren die Errichtung des Turnerehrenmals des Rhein-Limburg-Gaues auf dem Wallberg. Der Gedanke daran wurde erstmals beim Gauturntag am 8. Februar 1925 in Deidesheim erörtert.[93] Mit der Gedenkstätte sollte ein Sportplatz verbunden werden, um dort alljährlich ein Bergturnfest abhalten zu können. Die Stadt stellte Gelände auf dem Wallberg zu Verfügung. Den Platz mußte die Turngemeinde selbst herstellen und vertrieb zu diesem Zweck Anteilscheine, was von anderen Deidesheimer Vereinen unterstützt wurde. Die Sportplatzarbeiten wurden im Januar 1926 mit Erwerbslosen begonnen, mußten aber wegen Geldmangel abgebrochen werden. Mit vielen Unterbrechungen wurden die Arbeiten dann doch fortgeführt, so daß am 6. Juni 1926 der Sportplatz eingeweiht und der Grundstein für das Ehrenmal gelegt werden konnte. Der Architektenwettbewerb dafür erbrachte 52 Einsendungen. Für die Ausführung wurde der Entwurf „Stolze Trauer" der Architekten G. Hock (Neuhofen) und Ph. Blaumer (Ludwigshafen) ausgewählt. Obwohl noch längst nicht alles vollen-

Arbeiten am Sportplatz auf dem Wallberg im Jahr 1926

det war, fand am 7. August 1927 ein Schauturnen und zum 80. Geburtstag des Reichspräsidenten am 3. Oktober ein „Hindenburgturnen" statt. Schließlich wurde am 2. und 3. Juni 1928 die Anlage mit dem imposanten Denkmal für 1018 Gefallene des Rhein-Limburg-Gaues eingeweiht und in die Obhut der Stadt übergeben.

Wie bereits berichtet hatte sich das katholische Vereinsleben in den zwanziger Jahren besonders reich entfaltet. Ausgerechnet im ältesten katholischen Verein, dem Cäcilienverein, erhob sich ein Streit, der über mehrere Jahre hinweg nicht allein die Mitglieder beschäftigte. Der Konflikt entstand aus Meinungsverschiedenheiten darüber, ob der Pfarrer oder die Vereinsmitglieder den Dirigenten, der zur Hälfte von der Kirche bezahlt wurde, zu bestimmen hätten. Weil er sein Gehalt nicht mehr pünktlich erhielt, hatte der seit 1904 tätige Lehrer Georg Winter zum 31. Dezember 1922 sein Amt niedergelegt. Pfarrer Andreas Kuntz präsentierte einen neuen Dirigenten ohne Rücksprache mit dem Chor. Das empörte einen Teil der Mitglieder, die den Verein unter Mitnahme des Harmoniums und des Musikalienschrankes verließen. Der Streit konnte erst am 18. Januar 1925 endgültig beigelegt werden, nachdem inzwischen auch ein anderer Pfarrer nach Deidesheim gekommen war.[94]

Solche Querelen, die ähnlich gelegentlich auch in anderen Vereinen vorkamen, wurden bald überschattet von politischen Veränderungen, die insbesondere den katholischen Vereinen zu schaffen machen sollten.

Die Vereine im „Dritten Reich"

Die nationalsozialistische Machtübernahme des Jahres 1933 brachte für das gesamte Vereinsleben gravierende Einschnitte mit sich. Alle Vereine mußten ihre Satzungen nach reichseinheitlichem Vorbild ändern und sich nach dem sogenannten „Führerprinzip" organisieren. Der fortan „Vereinsführer" genannte Vorsitzende wurde in offener Wahl bestimmt. Er mußte der NSDAP angehören oder ihr doch wenigstens nahe stehen. Seine weiteren Funktionsträger bestimmte der Vereinsführer dann selbst. Außerordentliche Mitgliederversammlungen der Vereine mußten zur Vornahme der „Gleichschaltung" abgehalten werden. Die meisten fanden im August und September 1933 statt, wobei jeweils ein Vertreter der Partei anwesend war. Viele Mitglieder blieben diesen Versammlungen fern. Sie sahen die Einmischung der Partei in ihre Vereinsangelegenheiten nicht gern, mußten sie aber letztendlich hinnehmen.

Der erste Deidesheimer Verein, der „gleichgeschaltet" wurde, dürfte die Turngemeinde gewesen sein. Vorgenommen wurde die „Gleichschaltung" nicht einmal in einer Mitgliederversammlung, sondern in einer Turnratsitzung am 19. Juni 1933, zu welcher der Ortsgruppenleiter der NSDAP und Stadtrat

Adam Durein erschienen war. Nach dessen Vortrag über die Zukunft der deutschen Turnerei wurde der Erste Vorsitzende Wendelin Kerbeck einstimmig wiedergewählt. In der nächsten Sitzung gab Kerbeck dann die von ihm nach dem Führerprinzip bestimmten neuen Mitglieder des Turnrates bekannt. Dieses Verfahren wäre natürlich völlig satzungswidrig gewesen, denn danach hätten alle Turnratsmitglieder von der Generalversammlung gewählt werden müssen. Unter den neuen Turnratsmitgliedern war auch der Lehrer Alfons Bold, später Schulleiter in Deidesheim, der sich als überzeugter Nationalsozialist besonders hervortat. Als neue Funktionen gab es den „Wehrturnwart" und den „Dietwart". Die letztere wurde dem Lehrer Fritz Keilhauer übertragen, der dann auch jeden Monat einen „Dietabend", eine Art Volkstumsschulung, abhielt, über deren schlechten Besuch allerdings 1937 geklagt wurde.

Bei der außerordentlichen Generalversammlung des Männergesangvereins „Liederkranz" „zwecks Gleichschaltung" am 1. September 1933 vermerkt das Protokollbuch „schwachen Besuch". Nach dem Geschäftsbericht und dem Kassenbericht trat der gesamte Ausschuß zurück. Herr Rahm als Vertreter der NSDAP übernahm die Leitung der Versammlung. Der bisherige Vorsitzende Carl Sing und der Dirigent Bernhard Klug wurden wiedergewählt. Die „Sachwalter" wollte der Vereinsführer später ernennen und dann dem Kreisleiter zur Bestätigung vorlegen. Die Versammlung schloß „mit einem 3fachen Sieg-Heil auf uns. Führer Adolf Hitler und dem Absingen des Horst-Wessel-Liedes".

Beim Pfälzerwald-Verein mit seinen 110 Mitgliedern verlief die Gleichschaltungsversammlung ähnlich. Auch hier wurde der bisherige Vorsitzende Dr. Alfred Schüdel durch Zuruf zum Vereinsführer gewählt. In den übrigen Vereinen war es nicht viel anders. Alle Vereinsversammlungen mußten künftig vom Ortsgruppenleiter der NSDAP genehmigt werden.

Da es in Deidesheim kaum Vereine mit sozialistischem Hintergrund gab, wurde zunächst nur der Arbeitergesangverein verboten.

Der Zug zu größeren Einheiten lag durchaus im Sinne des Systems. So mußten sich 1938 die Turngemeinde, der Schwimmverein und der Radsportverein „Edelweiß" auflösen und zur neuen „Sportgemeinde 1849 Deidesheim" zusammenschließen. Damit hatte man alles besser im Blick. Allerdings waren bei der Gründungsversammlung am 14. Mai 1938 aus allen drei Vereinen nur 30 Mitglieder anwesend, was nicht gerade auf große Begeisterung für die neue Organisationsform schließen läßt, die insgesamt auch nur noch 150 Mitglieder zählte.

Die katholischen Vereine wurden zwar zunächst nicht verboten, aber ihre Aktivitäten so eingeschränkt, daß sie sich fast nur noch im engeren kirchlichen Rahmen bewegen konnten.

Verhältnismäßig glimpflich erging es dem Kirchenchor, der zwar nicht mehr außerhalb von kirchlichen Räumen auftreten, aber immerhin in den ersten Jahren noch Fastnachtsunterhaltungen und Ausflüge veranstalten durfte. Die Konzentration auf die Kirchenmusik führte auf diesem Gebiet sogar zu besonderen Leistungen. Zur Pflege des geselligen Lebens blieben dem Cäcilienverein immer weniger Möglichkeiten, so daß beispielsweise der Ausschuß am 4. November 1936 beschloß: „Von einer weltlichen Veranstaltung . . . . . . wird dem Ernst der Zeit entsprechend Abstand genommen." Im Jahr darauf verzichtete man „in Anbetracht der schweren Zeit" sogar auf die Abhaltung der Generalversammlung. Einen Ausflug in die Südpfalz machte man aber im Sommer 1937 trotzdem. Der Cäcilienverein hatte um diese Zeit knapp 200 Mitglieder, von denen etwa 40 aktiv waren. Das entsprach ungefähr dem Stand früherer Jahre. Immerhin war es dem Kirchenchor möglich, sogar während der Kriegsjahre noch an hohen Festtagen den Gottesdienst zu verschönern.[95]

Interessant ist ein Bericht über das Vermögen der katholischen Vereine, den der Pfarrer Josef Schroeder am 4. September 1934 der Polizei auf Anforderung erstattete. Darin heißt es vom Jungmännerverein und der Jungfrauenkongregation, daß diese „in Erwägung, daß jede Vereinstätigkeit z. Zt. unmöglich ist", ihr Vermögen in Form von Fahnen und Schränken der Kirche geschenkt hätten. Der Jungmännerverein behielte nur seine Protokoll- und Kassenbücher. Der Kassenbestand betrüge etwa 16 Mark, bei der Jungfrauenkongregation sogar nur noch 6 Mark. Der Cäcilienverein hätte rund 20 Mark in der Kasse. Das von ihm benutzte Klavier gehöre der Kirche.[96]

Als die Kasse des Katholischen Frauenbundes beschlagnahmt wurde, fanden sich darin nur noch 60 Pfennige. Hier, wie auch in anderen Fällen, war der Kassenbestand rechtzeitig auf ein unverdächtiges Privatkonto gestellt worden.

Besonders hart betroffen waren die rund 30 Mitglieder des Katholischen Gesellenvereins, der sich von 1933 ab nur noch als „Kolpingfamilie" bezeichnete und dem 1934 jede Aktivität außerhalb der Kirche verboten wurde. Geheime Treffen fanden aber noch bis 1939 statt. Zwei Mitglieder, zwei Brüder, saßen sogar jeweils einige Monate im Gefängnis.

Im übrigen traf zu, was Pfarrer Schroeder in seinem Bericht geschrieben hatte, daß nämlich die Mitgliederzahl der katholischen Jugendvereine rapid abnahm. Diese Erscheinung betraf natürlich auch andere Vereine, denn die nationalsozialistischen Organisationen nahmen die Jugendlichen immer stärker in Anspruch.

Kein Verein konnte sich dem Einfluß der Partei entziehen, auch wenn er sein bisher gewohntes Vereinsleben scheinbar ungestört weiterführte. Manche hatten sogar eine relative Blütezeit wie beispielsweise die Sportgemeinde, die gerade in den dreißiger Jahren eine Reihe achtbarer sportlicher Erfolge errang.

Schon der 1. Mai 1933, der von Adolf Hitler zum Nationalfeiertag erklärt worden war, gab Anlaß, die Vereine Solidarität mit dem neuen Staat demonstrieren zu lassen. Immerhin war vormittags nach Deidesheimer Tradition noch ein feierlicher Gottesdienst, an dem die Vereine geschlossen teilnahmen. Abends marschierten sie dann in einem Fakelzug. Ein anderer Fackelzug fand am 20. April 1939 zum „50. Geburtstag des Führers" statt, dem eine Feierstunde im Saal des Winzervereins folgte.

Auch im Kleinen forderte der Staat seinen Tribut ein. Von den Eintrittsgeldern zu Weihnachtsfeiern oder anderen Vereinsfesten wurden von jeder Karte für das Winterhilfswerk 10 Pfennige abgezweigt oder es wurde sogar bei einer Winterwanderung des Pfälzerwald-Vereins dafür gesammelt.

Da die Parteiorganisationen ihre Mitglieder immer stärker in Anspruch nahmen, mußten die Vereine, die ohnehin an Mitgliederschwund litten, manche Zugeständnisse machen. So beschloß der Pfälzerwald-Verein die Anrechnung von SA-Märschen als Vereinstouren, falls diese zeitlich zusammenfielen. Die Jahresschlußfeier des Pfälzerwald-Vereins konnte im März 1936 nicht stattfinden, weil am selben Tag eine große Parteiversammlung angesagt war.[97]

Manchmal griff die Partei auch direkt in die Angelegenheiten der Vereine ein. Als es 1935 im „Liederkranz" zu Turbulenzen gekommen war, erschien der Ortsgruppenleiter der NSDAP Franz Blätte in der Generalversammlung am 19. Januar 1936 und nahm die Vereinsführerwahl vor.[98]

In der Kriegs- und unmittelbaren Nachkriegszeit erlosch dann fast jegliches Vereinsleben. Das Bergturnfest der Sportgemeinde fand aber noch bis 1941 statt.

Verständlicherweise entstanden in der Zeit des „Dritten Reiches" kaum neue Vereine. Die einzige Ausnahme ist die Trachtenvolkstanzgruppe. Diese wurde im Spätjahr 1935 von dem Lehrer Fritz Keilhauer, der auch Ortskulturwrt der NSDAP war, mit jungen Leuten gegründet. Zur Eröffnung der Deutschen Weinstraße am 20. Oktober 1935 trat die Gruppe erstmals in altpfälzischen Trachten auf, die vom Weingut Reichsrat von Buhl geliehen waren. Dieses verwendete die Kleider sonst zu seinen Herbstschlußfesten.

Die Trachtengruppe wirkte bis zum Krieg noch bei vielerlei Anlässen mit, entfaltete ihre Tätigkeit aber erst richtig nach dem Zweiten Weltkrieg und trug dann viel zur internationalen Verständigung bei.

Noch etwas anderes ist im „Dritten Reich" entstanden, was sich erst später richtig entwickelt hat, der „Große Weinpreis von Deidesheim", ein Radsportereignis, das der damalige NS-Gauleiter Josef Bürckel als „Großen Preis der Deutschen Weinstraße" ins Leben gerufen hatte. Selbst in den ersten Kriegsjahren fand das Sportereignis noch statt unter Beteiligung der, wie es damals hieß, „besten Berufsfahrer Großdeutschlands", unter denen besonders viele aus Lothringen und Luxemburg waren.

Einer der ältesten Vereine Deidesheims erschien allerdings nicht mehr zeitgemäß. Die Lesegesellschaft wurde am 14. Juli 1939 aufgelöst. 1846 war sie gegründet worden, am 30. Juni 1887 war sie in ihr eigenes Haus, das „Casino"

Eintrag im Gästebuch des „Casino-Kegelklubs" vom Besuch der Vorstandsmitglieder des Deutschen Städtetages am 10. Mai 1925, darunter die Oberbürgermeister der Städte Berlin, Dortmund, Breslau, Stettin, Münster und Nürnberg

eingezogen, wo sie eine Bibliothek und Billardtische unterhielt und unzählige Feste feierte. 1910 war eine Kegelbahn eröffnet worden. 1939 wurde das Haus an die Stadt Deidesheim verkauft, die es später weiter veräußerte. Aus dem Verkauf des Hauses und des Inventars erhielt nach Abzug aller Verbindlichkeiten jedes Mitglied 680.-RM. Die Lesegesellschaft gab sich immer elitär. Zum übrigen Vereinsleben hielt sie Distanz. Ein solcher Verein paßte nicht in die „Volksgemeinschaft". Allerdings scheint die Vereinstätigkeit zum Schluß ohnehin nicht mehr sehr lebhaft gewesen zu sein. Die Einträge im Gästebuch des „Casino Kegelklubs", den 1924 noch eine internationale Journalistengruppe und im Jahr darauf die Vorstandsmitglieder des Deutschen Städtetages besucht hatten, enden mit einem Fasanen-Essen am 29. Oktober 1930.

Das Vereinsleben nach dem Zweiten Weltkrieg

Nachdem das Vereinsleben im Zweiten Weltkrieg so gut wie erloschen war, brauchte es auch danach einige Zeit, um wieder in Gang zu kommen. Das hatte verschiedene Gründe. Viele Mitglieder von Vereinen befanden sich noch in Kriegsgefangenschaft, die Vereinslokale waren anderweitig belegt und die materielle Not war groß. Außerdem gab es Ausgangsbeschränkungen und zunächst auch ein allgemeines Versammlungsverbot. Das galt sowohl bei der amerikanischen als auch bei der im Juli 1945 in die Pfalz eingerückten französischen Besatzungsmacht.

Nicht alle früher existierenden Vereine sind nach dem Krieg wieder erstanden. Mit ausgesprochenem Verbot wurde in Deidesheim auf Dauer keiner belegt. Neue kamen allerdings in der ersten Nachkriegszeit auch nicht dazu.

Es verwundert nicht, daß der Kirchenchor, dessen Aktivitäten sogar in der Kriegszeit nicht ganz aufgehört hatten, sich sehr bald wieder zusammenfand und im Spätjahr 1945 einen neuen Dirigenten bestimmte.[99] 1946 gab es 53 aktive, 124 passive und 6 Ehrenmitglieder, alles in allem also 183. Die Zahl der aktiven Mitglieder sank in den fünfziger und frühen sechziger Jahren stark ab,

Ausflug des Cäcilienvereins nach Bad Niederbronn/Elsaß am 9. August 1959

so daß der Chor zeitweise in seiner Existenz gefährdet war. Er erholte sich aber wieder, wenn auch mit schwankenden Mitgliederzahlen. Das vor 1933 übliche gewesene Vereinsleben entwickelte sich nicht mehr in der alten Form. Die einheitliche „Satzung der Kirchenchöre des Bistums Speyer" vom 1.April 1948 bestimmte in ihrem Paragraphen 1: „Der Kirchenchor ist eine rein kirchliche Vereinigung." Die passiven Mitglieder bilden seitdem den „Pfarrcäcilienverein". Ausflüge, zum Teil auch mehrtägige, einmal sogar nach Rom, wurden immer noch gemacht.

1968 feierte man das 100-jährige, 1993 das 125-jährige Jubiläum, obwohl der Cäcilienverein bereits 1859 bestand, man aber das Jahr der Fahnenweihe 1868 irrtümlich für das Gründungsjahr gehalten hatte.

Heute bestehen neben dem Kirchenchor eine Choralschola und eine Kinderkantorei.

Schon 1946 konnte die verboten gewesene Kolpingfamilie wieder gegründet werden.[100] Sie wurde einer der aktivsten und vielseitigsten Vereine Deidesheims. Außer einem allgemeinbildenden und religiösen Vortragsprogramm widmete sich die Kolpingfamilie in der Nachkriegszeit dem Theaterspiel und führte zu den ersten Pfälzer Katholikentagen an der Michaelskapelle Mysterienspiele, ansonsten Operetten und Volksstücke auf, die auch in einigen

Aufführung der Operette „Das Mädel vom Neckarstrand" durch die Kolpingfamilie 1948

Nachbarorten begeisterte Zuschauer fanden. Als Glanzstück galt die Aufführung einer bearbeiteten Form der Oper „Der Freischütz" von Carl Maria von Weber am 3. Februar 1952 in der großen Halle der Winzergenossenschaft. Mit der Gründung der Kolpingkapelle in diesen Jahren wurde ein neues Betätigungsfeld eröffnet. Dieser Klangkörper, der nunmehr nahezu fünfzig Jahre besteht, hat sich in Deidesheim unentbehrlich gemacht. Sein Repertoir ist sehr breit gefächert, was er auch bei vielen Auftritten außerhalb von Deidesheim immer wieder unter Beweis stellt.

Die Kolpingfamilie feierte 1955 ihr 25-jähriges Bestehen. Bei dieser Gelegenheit stellte sie im Kaisergarten das von ihrem Mitglied Johannes Weisbrodt geschaffene Kolpingdenkmal auf. Seit 1974 können auch Frauen aktive Mitglieder der Kolpingfamilie Deidesheim sein. 1982 weihte sie ihr eigenes Heim im katholischen Pfarrzentrum ein.

Im November, ursprünglich am Buß- und Bettag, veranstaltet die Kolpingfamilie seit einigen Jahrzehnten einen 4000-Meter-Geländelauf, heute unter dem Namen „Clemens Dick-Gedächtnislauf".

Ein Höhepunkt im Jahreskreis ist ganz sicher die seit 1961 alljährlich stattfindende Bergtour in den Schweizer Alpen. Aber schon 1953 fuhr eine Gruppe von neun Kolpingbrüdern mit vier Motorrädern und einem Auto nach Spanien, was damals noch etwas ungewöhnlich erschien.

Eine andere katholische Vereinigung, die gleichfalls eine reiche Tätigkeit, insbesondere auf sozialem Gebiet entfaltete, ist der Zweigverein Deidesheim des Katholischen Deutschen Frauenbundes. Um 1952 nahm er seine Arbeit wieder auf. Über 29 Jahre wurde er von Elisabeth Grasmück geführt, die auch 22 Jahre lang Stadträtin war. Neben einem Vortragsprogramm veranstaltete man allmonatlich Altennachmittage und Seniorenfahrten, bemühte sich um die Ökumene, nahm sich der Sozialwaisen des Ludwigshafener St. Annastiftes an und pflegte Partnerschaften mit Frauen und Jugendlichen in Nordirland und mit palästinensischen Frauen in Nazareth, um nur einiges zu nennen. Eine eigene Untergruppe bildete der Paramentenverein. Eine weitere Untergruppe ist die Hausfrauenvereinigung. Der besonders aktive Kreis junger Frauen, später Aktionskreis Frau, entstand 1972 unter Margarete Bauer.

Der Vollständigkeit halber seien hier zwei Vereinigungen der evangelischen Kirche angeführt. Seit über einem Jahrzehnt besteht ein Singkreis, der in Gottesdiensten mitwirkt und auch ein Adventssingen veranstaltet. Zum Wachenheimer Stamm „Ritter von Dalberg" gehören in Deidesheim zwei Sippen des Verbandes christlicher Pfadfinderinnen und Pfadfinder.

Unter den ersten Vereinen, die nach dem Krieg ihre Tätigkeit wieder aufnahmen, war auch der Männergesangverein „Liederkranz", der am 7. September 1947 den vor dem Krieg schon amtierenden Vorsitzenden Franz Hock wieder wählte und einstimmig beschloß, den alten Vereinsnamen beizubehal-

Mitwirkende der Aufführung der Operette „Winzerliesel" durch den „Liederkranz" im April 1951

ten.[101] Wie früher fanden die Singstunden in einem Schulsaal statt und begannen nach Beendigung des Herbstes. Es war übrigens für alle Deidesheimer Vereine bezeichnend, daß ihre Programme immer auf die jahreszeitlich anfallenden Arbeiten im Weinberg Rücksicht nahmen. Schon im April 1948 gab der „Liederkranz" im Saal der Winzergenossenschaft ein dreistündiges Konzert und hielt einen Ball im Winzerverein Forst, da „infolge der Besatzung" in Deidesheim kein Saal frei war. Auch andere Vereine mußten um diese Zeit mit ihren geselligen Veranstaltungen in Nachbarorte ausweichen.

Am 8. und 9. Juli 1950 beging der „Liederkranz" sein 105-jähriges Jubiläum, weil das 100-jährige verständlicherweise nicht hatte gefeiert werden können.

Auch dem Theaterspiel widmete sich der Verein wieder. So führte er beispielsweise im April 1951 viermal die Operette „Winzerliesel" auf. Zu Anfang des Jahres 1953 hatte der Verein 57 aktive und 138 passive Mitglieder. Die Gesangvereine müssen damals Konjunktur gehabt haben, denn nur ein Jahr später waren es 81 Sänger.

Der „Liederkranz" wirkte bei vielen Veranstaltungen der Stadt oder denjenigen anderer Vereine mit, veranstaltete Konzerte, Bälle und Fastnachtsabende.

Im Jahr 1964 machte man sich übrigens erstmals Gedanken über die Bildung eines gemischten Chores. Damals war der Chor auf etwa 30 Sänger geschrumpft, doch bald darauf erholte er sich wieder, was man dem seinerzeitigen Vorsitzenden Karl Selinger als Verdienst zuschrieb. Bei der Aufführung der „Deidesheimer Weinkantate" von Bernhard Klug , die dieser selbst dirigierte, standen 90 Sänger auf der Bühne. Mit dieser Veranstaltung wurden die herbstlichen Weinabende des „Liederkranz" begründet. Im Jahr darauf wirkte auch ein neu gebildeter Frauenchor mit. Etwas später entstand noch ein Knabenchor.

Der Männergesangverein „Liederkranz" an seinem 130-jährigen Jubiläum am 1. Juli 1975

An Pfingsten 1970 feierte man mit einem groß angelegten traditionellen Sängerfest das 125-jährige Bestehen des Vereins. Das 130-jährige Jubiläum 1975 sollte hingegen „kein Sängerfest im üblichen Stil" werden. Man suchte nach modernen Gestaltungsformen, machte am Samstagabend einen Empfang in der Stadthalle und am Sonntag, dem 1. Juli einen Festgottesdienst, bei dem der Verein die C-Dur-Messe von Anton Bruckner aufführte. Abends war dann ein Jubiläumskonzert.

Geistliche Konzerte gab der „Liederkranz" in der Folgezeit noch mehrfach, aber natürlich auch weltliche. Sein Einsatz bei allen möglichen Anlässen, auch im Fremdenverkehr nahm weiter zu. Den Küferschlag bei der Geißbockversteigerung führt er seit 1975 aus. Später kam der Kerweausklang im Hof des Weingutes Deinhard hinzu. Die Weinabende im November werden mit immer neuen Mundarttheaterstücken von Werner Leim fortgeführt, neuerdings alle zwei Jahre im Wechsel mit einem Konzert.

Als einschneidendes Ereignis in die damals über 140-jährige Geschichte des Männergesangvereins „Liederkranz" wurde die Umwandlung des Männerchores in einen gemischten Chor empfunden. Sie wurde, nachdem über zwanzig Jahre lang immer wieder davon gesprochen worden war, durch einen Beschluß der Generalversammlung vom 11. April 1986 vollzogen. Die Frauen wurden damit gleichberechtigte Mitglieder und nahmen fortan auch Vorstandsfunktionen wahr. Zu der Zeit waren fünfzig Männer aktiv, etwas über zwanzig Frauen kamen hinzu. Die Proportionen haben sich seither ein wenig verschoben. Bei Bedarf gibt es aber immer noch einen Männerchor. Der traditionsreiche „Liederkranz" hat als ältester Deidesheimer Verein seine Bedeutung im kulturellen Leben der Stadt bis heute behalten.

In der Sportgemeinde Deidesheim regte sich das erste Leben nach dem Krieg im Frühjahr 1946, als die Fußballer wieder zu kicken anfingen.[102] Andere Sportarten waren noch verboten. Aus Mangel an einem geeigneten Platz gab es ohnehin kaum Möglichkeiten, Sport zu treiben. Schließlich begann man im Frühjahr 1947 im ehemaligen Klingschen Park mit den Arbeiten für einen Sportplatz, die aber bald wieder eingestellt werden mußten und erst nach einem langwierigen Prozeß weitergehen konnten. Am 27. März 1949 fand dann endlich dort das erste Fußballspiel statt, Deidesheim gegen Lambrecht 1:4.

Inzwischen hatte die Sportgemeinde über 300 Mitglieder, und eine Damenabteilung hatte ihre Tätigkeit aufgenommen. Diese trat dann auch, mit viel Beifall bedacht, bei der 100-Jahrfeier des Vereins auf, die wie in früheren Zeiten mit einem großen Fest am 30. und 31. Juni 1949 begangen wurde. Bei dieser Gelegenheit wurde der neue Sportplatz offiziell eingeweiht. Im Jahr darauf stellte man dort auch eine Holzbaracke des früheren Reichsarbeitsdienstes auf, die als provisorische Turnhalle diente. Sie dient heute noch dem Verein als Gaststätte auf dem Wallberg, wohin sie 1959 versetzt wurde. Das Bergturnfest hatte übrigens schon 1947, wenn auch in bescheidenem Ausmaß, wieder stattgefunden.

Das gesellige Vereinsleben mit Fastnachtsbällen, Familienabenden, Theaterspielen, Abturnen und Weihnachtsfeiern setzte 1947 wieder richtig ein.

Bald entstanden neue Abteilungen. 1950 begann man mit Tischtennis. Auch Schach wurde schon gespielt.

Die Mitgliederversammlung am 18. Januar 1958 gab dem Verein seinen heute noch gültigen Namen „Turn- und Sportgemeinde 1849 Deidesheim".

Ein enormer Aufschwung war für den Verein mit der Eröffnung der neuen Stadthalle am 6. Juni 1964 verbunden, die nun wenigstens für einige Zeit wirklich gute Übungsmöglichkeiten bot. In diesem Rahmen fand dann auch eine

Woche nach Einweihung der Halle die 115–Jahrfeier der TSG Deidesheim statt.

Neu gegründet wurden 1972 die Judo- und zwei Jahre später die Schachabteilung, nachdem die früher bestehende eingeschlafen gewesen war.

Als 1974 die 125–Jahrfeier des Vereins und zugleich das 50-jährige Bestehen der Fußballabteilung begangen werden konnte, hatte die TSG schon über 900 Mitglieder. Zwar sank deren Zahl zwischenzeitlich wieder etwas ab, doch blieb die TSG von da an der größte Verein in Deidesheim. In der Generalversammlung vom 5. März 1977 wurde Kurt Weitlauff zum Ersten Vorsitzenden gewählt. Er übt dieses Amt bis heute aus.

Nachdem der bisherige Sportplatz kaum noch benutzbar war, bedeutete die Einweihung der neuen Bezirkssportanlage der Verbandsgemeinde Deidesheim einen weiteren gewaltigen Fortschritt, der mit einer Sportwerbewoche im September 1978 gefeiert wurde. Die TSG errichtete daneben ihr Clubheim. Die neue Anlage eröffnete auch die Möglichkeit, im Juni 1979 in Deidesheim das siebte Gauturnfest des Rhein-Limburg-Gaues zu begehen. In Verbindung mit der Feier des 130-jährigen Bestehens der Turn- und Sportgemeinde wurde es zu einem Höhepunkt in der Vereinsgeschichte.

Sportlich entwickelte sich der Verein gut. Die Mitgliederzahl nahm weiter zu. 1980 wurde Hockey als neue Sportart aufgenommen. 1984 gab es zum ersten Mal den „Deidesheimer Triathlon" und nach weiteren drei Jahren die erste „TSG-Sportschau", bei der sich alle Abteilungen darstellen können.

Ein Problem, mit dem sich die TSG jahrzehntelang zu beschäftigen hatte, war die Turnhallenfrage, auf die darum noch einmal zusammenfassend eingegangen werden soll. Hatte man in der Vorkriegszeit an wechselnden Orten, der Reithalle, dem Grafschen Saal oder in Schulräumen, im Sommer natürlich im Freien, geturnt, so war die Frage der Übungsräume nach dem Krieg lange nicht zu lösen. Das behinderte die sportliche Entwicklung des Vereins erheblich. Die erwähnte Reichsarbeitsdienstbaracke war ein bescheidener Notbehelf. Die TSG, insbesondere die Vorsitzenden Heinrich Haas und Kurt Weitlauff, bemühten sich unermüdlich um eine Lösung. In den fünfziger Jahren dachte man zunächst an den Bau einer eigenen Turnhalle, dann aber immer wieder an den Ausbau der Reithalle, die für den Verein auch ein historischer Ort war. Der Gedanke daran wurde aufgegeben, als die Stadthalle, zunächst als „Turnhalle" deklariert, in Aussicht stand. Daß sich deren Bau aber vom Stadtratsbeschluß 1957 über den ersten Spatenstich am 23. Mai 1959 bis zur Inbetriebnahme am 6. Juni 1964 hinziehen sollte, ließ den Vorsitzenden der TSG manchmal fast verzweifeln. Natürlich war die neue Halle dann eine großartige Sache, die neben sportlichen auch geselligen und kulturellen Zwecken diente. In den siebziger Jahren wurde die Halle von der Stadt aber immer häufiger für andere Veranstaltungen vermietet, so daß viele Übungsstunden ausfallen mußten und man bei der TSG erneut an den Ausbau der Reithalle dachte. Aus verschiedenen Gründen kamen die Pläne aber doch nicht zur Ausführung. Als nun im Herbst 1980 mit dem Umbau der Stadthalle begonnen wurde, war man wieder auf alle möglichen Notbehelfe angewiesen. Da begannen Planungen der Stadt für die neue „Halle für Sport und Spiel", an der sich die TSG mit 10% der Kosten beteiligte und die – endlich – am 11. September 1993 eingeweiht wurde. Damit waren in Deidesheim ideale sportliche Möglichkeiten geschaffen, wie man sie schon lange herbeigesehnt hatte,.

Außer dem Großverein Turn- und Sportgemeinde 1849 mit ihren über 1200 Mitgliedern in acht Abteilungen gibt es in Deidesheim drei weitere Sportvereine.

Die vor dem Zweiten Weltkrieg recht rührigen Vereinigungen Schwimmverein und Radfahrerverein „Edelweiß" waren, wie bereits berichtet, 1938 mit der Turngemeinde als Abteilungen zur „Sportgemeinde" zusammengeschlossen worden. Einige Zeit nach dem Krieg lösten sie sich aber wieder von dem Großverein ab.

Zum 25-jährigen Bestehen der Radfahrerabteilung war 1950 wieder das Rennen um den „Großen Weinpreis von Deidesheim" veranstaltet worden,

20. Rennen um den „Großen Weinpreis von Deidesheim" am 18. August 1968

obwohl die Deidesheimer Radfahrer zu der Zeit selbst noch keine Trainingsmöglichkeiten hatten. 1955 gab es aber Schwierigkeiten mit der Durchführung dieser Großveranstaltung. Sie kam zwar zustande, doch gab die Verweigerung der Sportgemeinde den Ausschlag zur Wiedergründung des Radfahrervereins „Edelweiß".

Die dreißig Radfahrer wählten ihren früheren Vorsitzenden Jakob Jochum wieder und begannen mit Radball und Kunstradfahren. Im Mai 1959 wurde ein internationales Radsportfest veranstaltet. Im Jahr darauf war das erste Querfeldein-Rennen. Das Rennen um den Großen Weinpreis wurde fortgeführt. Wegen Nachwuchsmangel stellte man aber 1966 den Trainingsbetrieb in Radball und Kunstradfahren ein. Drei Jahre später sah es allerdings besser aus, die Mitgliederzahl stieg und es wurde wieder Radball gespielt.

Inzwischen hat sich die Situation im Radsport sehr verändert. Zwar gibt es immer noch das Rennen um den „Großen Weinpreis von Deidesheim", aber weder Radball noch Kunstradfahren. Dagegen spielen die Radtouristik und vor allem die Mountainbike-Rennen eine große Rolle. Hierin ist nun allerdings der Radfahrerverein „Edelweiß" in der Pfalz führend. Mit seinen rund 200 Mitgliedern ist er heute einer der größten unter den sechzig pfälzischen Radsportvereinen.

Nachdem sie bis dahin kaum aktiv geworden waren, verließen die Schwimmer drei Jahre nach den Radfahrern ebenfalls die TSG. Auch der Schwimmverein Deidesheim kehrte zu seinem alten Vorsitzenden Jakob Lutz zurück. 1961 veranstaltete der Verein sein erstes Seniorenschwimmfest und begründete damit ein bis heute jährlich wiederkehrendes Ereignis mit starker Beteiligung. Am Vorabend des Schwimmfestes findet ein auch schon zur Tradition gewordenes Sommernachtsfest statt.

Neben regelmäßigen Trainingsstunden für die Aktiven und dem Seniorenschwimmen bietet der Verein auch ein Mutter-Kind-Schwimmen und ein Jedermann-Schwimmen unter besonderer Berücksichtigung der therapeutischen Wirkungen des Schwimmsports an.

Der einzige neue Sportverein der Nachkriegszeit ist der im Frühjahr 1969 entstandene Tennisclub Deidesheim. Zwar wurde in Deidesheim schon lange vor dem Ersten Weltkrieg Tennis gespielt, danach aber nicht mehr. Im Gegensatz zu früher wurde jetzt Tennis zum Breitensport. Treibende Kraft des neuen Vereins, der schon bei der Gründung sechzig Mitglieder zählte, war Ernst Reinhardt, der heute noch den Vorsitz führt. Bereits im Herbst 1969 wurde der Spielbetrieb aufgenommen. Die Mitgliederzahl nahm rasch zu, so daß bald weitere Plätze, 1976 auch eine Tennishalle hinzukamen.

Ein Förderkreis des TCD unterstützt den Verein. Bei dem seit 1985 alljährlich ausgetragenen großen Jungsenioren-Turnier wird der Sieger stilgerecht mit Deidesheimer Prädikatswein aufgewogen. Der heute über 400 Mitglieder

Auf dem Tennisplatz vor dem Ersten Weltkrieg

starke Verein hat nie die Pflege der Geselligkeit vergessen und stellt seine Anlage auch in Deidesheim weilenden Gästen zur Verfügung.

Bei der Ortsgruppe Deidesheim des Pfälzerwald-Vereins fand am 9. April 1949 eine Versammlung von 30 Mitgliedern zur Wiedergründung statt.[103] Auch hier wurde der frühere Vorsitzende, der Architekt Fritz Höckelsberger wieder gewählt. Wegen Geldmangel erwog man, die heruntergekommene Waldschenke der Stadt zu schenken, was aber dann doch unterblieb. Erst 1957 begann man mit dem Wiederaufbau. Die Waldschenke beschäftigt den Verein bis heute. Immer wieder waren Um- und Anbauten notwendig. Schon zu Anfang der fünfziger Jahre war die Mitgliederzahl von hundert überschritten. Heute beträgt sie das Doppelte.

Schon immer enthält der Wanderplan für jeden Monat eine Wanderung, zumeist im Pfälzerwald. Außerdem gibt es jedes Jahr fünf oder sechs Sonderwanderungen. Unter diesen ist seit 1963 auch die Cyriakuswanderung im August zur Wallfahrt nach Lindenberg. Eine Reihe von Seniorenwanderungen kommen noch hinzu. Gesellige Veranstaltungen wie etwa eine Fastnachtsfeier vervollständigen das Programm.

Der Verband der Kriegsbeschädigten, Kriegshinterbliebenen und Sozialrentner (VdK) hatte nach dem Krieg eine wichtige Funktion zu erfüllen.[104] Am 7. November 1948 wurde die hiesige Ortsgruppe von 27 Personen gegründet.

Die Mitglieder kamen anfangs auch aus einigen Orten der Umgebung, doch bildeten diese nach und nach eigene Ortsgruppen. Die Mitgliederzahl wuchs verständlicherweise rasch an. 1959 hatte die Ortsgruppe Deidesheim-Forst 310 Mitglieder. Heute sind diese zumeist älter und vorwiegend Frauen, die als Kriegerwitwen dem Verband beigetreten sind, der sie in Versorgungsfragen beraten konnte. Die Mitgliederzahl hat sich jetzt bei etwa 120 eingependelt.

Die Ortsgruppe hat über ihre Funktion als Zweckverband hinaus immer ihre Mitglieder auch gesellig zusammengeführt, etwa bei den jährlichen Adventsfeiern und den Ausflugsfahrten, die lange Zeit monatlich stattfanden. Jedes Jahr wird eine achttägige Fahrt zu Zielen in Deutschland oder Österreich gemacht.

Anläßlich des 50-jährigen Bestehens der Ortsgruppe fand der Kreisverbandstag des VdK 1998 in Deidesheim statt. Der jetzige Ehrenvorsitzende Karl Schütz leitete die Ortsgruppe 32 Jahre lang bis 1999.

Der heutige Ortsverein des Deutschen Roten Kreuzes besteht erst seit 1954, doch hatte er einen Vorläufer, der ins 19. Jahrhundert zurückgeht. Der Frauenverein vom Roten Kreuz wurde 1892 gegründet und wollte sich der „Pflege verwundeter und erkrankter Krieger, Unterstützung von Invaliden im Frieden, Krankenpflegerinnen-Ausbildung etc." widmen. In den 1920-er Jahren, als Frida Piper von Buhl Vorsitzende war, die zur selben Zeit auch den Katholischen Deutschen Frauenbund führte, wollten die seinerzeit 58 Mitglieder für die „Ausbildung zur Krankenpflege und Fürsorge für kranke Wöchnerinnen und Kinder" da sein.

Nach 1933 wurde das Rote Kreuz anders organisiert.[105] Es war jetzt kein Frauenverein mehr, obwohl weiterhin Schwesternhelferinnen ausgebildet wurden. Leider existieren über diese und über die Kriegszeit, in der das Rote Kreuz in zahllosen Einsätzen gefordert war, keine Unterlagen. 1954 wurde in Deidesheim wieder ein Ortsverein des Deutschen Roten Kreuzes gegründet, der 1968 sein erstes eigenes Heim in einem Nebengebäude des Pfarrhauses erhielt. In diesem Jahr hatte er einen Sanitätszug mit 25 Mann und drei Einsatzfahrzeuge.

1977 wurde die Aktion „Essen auf Rädern" eingeführt. Zu der Zeit war das Rote Kreuz in Deidesheim mit den Orten Ruppertsberg, Niederkirchen und Forst unter der Leitung von Bürgermeister Gillich eine respektable Organisation geworden. Die Bereitschaft bestand aus 35 Männern und acht Frauen. Blutspendetermine mit durchschnittlich 150 Spendern fanden statt.

1983 konnte das neue Rote Kreuz-Heim eingeweiht werden. Die Mitgliederzahl war zu der Zeit auf weit über 400 angewachsen. Heute sind die 500 überschritten.

Nach wie vor leisten die Aktiven ehrenamtlichen Dienst bei allen möglichen Veranstaltungen und halten sich durch wöchentliche Ausbildungsabende auf dem Laufenden. Eine Jugendgruppe sichert den Nachwuchs. In den letzten Jahren bemühte sich der DRK-Ortsverein Deidesheim mit Hilfsfahrten und Hilfsgütersendungen auch um die Linderung von Notlagen in ost- und südosteuropäischen Ländern.

An Hilfen für Rumänien beteiligt sich auch der Lions-Club Deidesheim/Mittlere Weinstraße, eine Vereinigung von etwa 30 Personen.[106] Diese ist Teil einer internationalen Organisation, die 1917 in den USA gegründet worden war und sich unter anderem Toleranz, soziales Engagement und Völkerfreundschaft auf ihre Fahnen geschrieben hat. Der Deidesheimer Club entstand 1974. Zeit seines Bestehens hat er mit mehr als einer halben Million DM viele Institutionen und Projekte gefördert, wozu die Mittel aus Mitgliedsbeiträgen, vor allem aber aus Aktivitäten auf dem Weihnachtsmarkt gewonnen wurden. Die Zuwendungen galten sowohl einheimischen als auch auswärtigen Einrichtungen, und schließlich wurden auch weltweit Unterstützungen gegeben, so für ein Kinderkrankenhaus in der Nähe von Tschernobyl, für Straßenkinder in Chile oder auch für einen Stauseebau in Burkina Faso (Afrika).

Einerseits heimatbezogen, andererseits europaweit betätigt sich die Trachtenvolkstanzgruppe Deidesheim seit dem Zweiten Weltkrieg. Nach der Wiedergründung der Gruppe im Jahre 1949 nahmen sie Stadt und Verkehrsverein

Mitglieder der Trachtenvolkstanzgruppe 1954

wieder in ihre Obhut. Allerdings sah sich die Stadt Deidesheim 1950 noch nicht in der Lage, der Gruppe zu neuen Trachten zu verhelfen. Dies war erst einige Jahre später möglich.[107] So mußten wie schon in der Vorkriegszeit zunächst noch die altpfälzischen Trachten des Weingutes Reichsrat von Buhl ausgeliehen werden.

Die Werbung für Deidesheim, die Pfalz und den Wein sah die Gruppe immer als ihre wichtigste Aufgabe an, so daß sie bis heute das Wohlwollen der Stadtverwaltung genießt.

Von 1952 an erlebte die Trachtenvolkstanzgruppe unter der Leitung von Franz Josef Doll einen deutlichen Aufschwung und begann Aktivitäten zu entwickeln, die weit über Deidesheim hinausreichten und damit die Stadt in ein europäisches Beziehungsgeflecht brachten.

Bis 1956 trat die Gruppe mit ihren Tänzen, Liedern und Mundartgedichten nur in Deutschland, vorwiegend natürlich in Deidesheim auf. 1957 reiste man erstmals ins Ausland, nach Frankreich. Zum 25-jährigen Bestehen der Trachtengruppe wurde an Pfingsten 1960 das Erste Internationale Trachtentreffen mit Gruppen aus sieben Nationen in Deidesheim veranstaltet. In der Folge wiederholten sich diese Feste nahezu alle fünf Jahre. 1995 fand das 7. Internationale Trachtentreffen statt. Das größte derartige Fest war 1965, als Teilnehmer aus fünfzehn Ländern nach Deidesheim kamen.

In den übrigen Jahren machten die Deidesheimer viele Auslandsreisen und Freundschaftsbesuche. Kontakte bestehen von Schweden bis nach Portugal und von Estland bis in die Bretagne.

Leider hat die für Deidesheim, seinen Fremdenverkehr und seine internationalen Verbindungen so bedeutsame Trachtenvolkstanzgruppe Nachwuchsprobleme, die auch durch die über viele Jahre bestehende Kindergruppe nicht behoben werden konnten.

Der Heimatpflege, wenn auch auf andere Weise, widmen sich ebenso die „Heimatfreunde Deidesheim und Umgebung". Der Verein mit seinen etwa 60 Mitgliedern wurde 1970 von dem auch sonst aktiven Apotheker Kurt Egenberger gegründet. Nach dessen Tod übernahm Berthold Schnabel 1974 den Vorsitz. Das Programm umfaßt Vorträge zu geschichtlichen Themen, einen Jahresausflug und die Herausgabe der „Deidesheimer Heimatblätter", von denen bislang 15 Hefte erschienen sind.

Neuerdings hat sich ein Freundeskreis Deidesheimer Synagoge gebildet, der für die Unterhaltung des jetzt der Stadt gehörenden Gebäudes sorgen will.

Zum Schluß dieses Vereinskapitels sei noch auf zwei Vereinigungen eingegangen, die mit dem Weinbau zu tun haben, der ja das Leben in Deidesheim nach wie vor prägt. Winzerverein und Winzergenossenschaft schlossen sich, wie schon berichtet, 1966 zusammen. Beide nahmen nach dem Krieg und vor allem, nachdem Anfang der 1950-er Jahre die Besatzungsmacht alle Immobilien wieder freigegeben hatte, einen deutlichen Aufschwung. Beim Zusammenschluß hatte der Winzerverein 177, die Winzergenossenschaft 211 Mitglieder; zusammen waren es also 388. Heute sind es um die 500. Diese bewirtschaften etwa ein Drittel der Deidesheimer Rebflur und bauen zu 75% die Sorte Riesling an. Um die zwei Millionen Liter Wein werden jährlich abgesetzt. Der Exportanteil, insbesondere in die skandinavischen Länder, beträgt 10 bis 12%, lag aber zeitweise auch schon erheblich höher.

Bald nach dem Krieg bestand Bedarf an einer berufsständischen Vereinigung derjenigen, die mit dem Weinbau zu tun hatten. So kam es am 19. Dezember 1947 zur Gründung des Weinbauvereins Deidesheim als einer Ortsgruppe der Pfälzischen Bauern- und Winzerschaft.[108] Erster Vorsitzender wurde Ludwig Weitlauff. Es wurden Rebveredlungskurse, Steuerkurse und Vorträge zu sozialen rechtlichen und betriebswirtschaftlichen Fragen gehalten. Von 1953 an war der Verein nur wenig aktiv. Das änderte sich erst wieder als Lothar Thiel zum Vorsitzenden gewählt wurde, der das Amt heute noch inne hat.

Die Weinstraße nach einem Unwetter mit Hagelschlag im Juli 1981; solche Szenen gehören nach der Rebflurbereinigung mit ihren wasserbaulichen Maßnahmen der Vergangenheit an.

Das bedeutendste Vorhaben, das der Weinbauverein mit auf den Weg gebracht hat, ist die Rebflurbereinigung. Am 22. Juni 1971 beschloß eine Mitgliederversammlung, bei der etwa 120 Weinbergbesitzer aus Deidesheim, Forst, Niederkirchen und Ruppertsberg anwesend waren, einstimmig, die Rebflurbereinigung zu beantragen. Das langwierige Verfahren wurde 1974 vom Kulturamt Neustadt begonnen. Derzeit wird am 12. Abschnitt gearbeitet. Mit dem 13. Abschnitt soll die gesamte Maßnahme im Jahr 2002 abgeschlossen sein. Durch die Rebflurbereinigung wurde die Landschaft stark verändert, doch beachtete man auch landes- und denkmalpflegerische Gesichtspunkte. Für die Bewirtschaftung der Weinberge brachte die Flurbereinigung erheblich größere Einzelflächen, die alle durch Wege erschlossen sind und maschinell bearbeitet werden können. Die früher nach jedem Unwetter vorkommenden Überflutungen wurden durch wasserbauliche Maßnahmen behoben. Die danach notwendige neue Begrenzung der Weinberglagen schlug der Weinbauverein vor. Einige alte Lagenamen wie der „Kränzler" sind dabei verschwunden.

Von 1977 ab kümmerte sich der Verein um die einheitliche Festlegung der Herbstlöhne. Bei der Erarbeitung des Flächennutzungsplans und der Straßenführung der neuen B 271 wurde er gehört.

Bestimmte Veranstaltungen, die der Weinbauverein einführte, dienen der Weinwerbung und dem Fremdenverkehr, so die Deidesheimer Weinschule oder die Weinraritätenversteigerung.

Lebendiges Deidesheim

Nicht alle Deidesheimer leben vom Wein, aber fast alle leben mit dem Wein. Nach wie vor ist er ein entscheidender Wirtschaftsfaktor für die kleine Stadt. Wenn der Winzerverein heute rund 500 Mitglieder hat, die alle nur nebenberuflich oder in ihrer Freizeit Winzer sind, so wird daraus erkennbar, daß fast jede eingesessene Familie irgendwie mit dem Weinbau verbunden ist. Der Ruhm des Deidesheimer Weins beruht auf der Tradition privater Weingüter, von denen einige in den letzten 150 Jahren Weingeschichte geschrieben haben.

In enger Beziehung zum Weinbau steht der Fremdenverkehr. Der Wein prägt die Lebenskultur der Landschaft, die als heiter, gesellig und gastfreundlich gilt. Das wirkt anziehend, zumal ein vielseitiges gastronomisches Angebot und ein differenziertes Beherbergungsgewerbe das Ihre dazu tun. Nicht vergessen seien die großen und kleinen Feste, die viele Besucher nach Deidesheim bringen.

Zur Athmosphäre des Städtchens trägt das in Jahrhunderten gewachsene Ortsbild sehr viel bei. Es gewinnt seinen Reiz einerseits aus der kleinteiligen, romantisch erscheinenden Bebauung enger Gassen, andererseits aus den dazu kontrastierenden Höfen und Villen großer Weingüter. Mittelpunkt und Krönung des Stadtbildes ist der Marktplatz mit dem viel photographierten alten Rathaus, der Stadtpfarrkirche St. Ulrich, berühmten Gasthöfen und dem nun auch schon 150 Jahre alten Andreasbrunnen.

Aber da gibt es auch den Schloßgarten, den Stadtgarten mit seiner mediterranen Pflanzenwelt und die Feigengasse. Alle in der Stadt wachsenden exotischen Besonderheiten werden in einem „Botanischen Erlebnisführer" erklärt. Es verwundert nicht, daß das zeitige Frühjahr mit der Mandelblüte und der Herbst mit Federweißem und „Keschte" besonders viele Fremde nach Deidesheim bringen. Die Deidesheim umgebende Landschaft ist aber zu jeder Jahreszeit reizvoll. Sie lebt von dem Gegensatz zwischen Wald und offenem Rebland, in das die Stadt eingebettet ist. Der Wald, an dem Deidesheim so reich ist, birgt eine große Zahl interessanter Wanderziele wie die Michaelskapelle, die Heidenlöcher, den Eckkopfturm oder die Weinbachspring und den Grimmeisenbrunnen, um nur einige in der nächsten Umgebung zu nennen.

Auch das kulturelle Angebot Deidesheims ist beachtlich. Man denke nur an die drei Museen, an das anspruchsvolle Programm in der Stadthalle oder auch an Großereignisse wie den „Deidesheimer Advent", der in dem Vierteljahrhundert seines Bestehens einen über die Pfalz hinausgehenden Bekanntheitsgrad erreicht hat.

Alle geschilderten Vorzüge von Deidesheim machen es natürlich auch zu einem beliebten Wohnort, wobei die Möglichkeiten für Zuzügler begrenzt sind, denn die Weinlagen sollen ja unangetastet bleiben. Die Nähe des Rhein-Neckar-Ballungsraumes erzeugt aber ständig Nachfrage. Viele möchten nach Deidesheim, in „das andere Paradies", wie die Fremdenwerbung die Stadt und ihre Umgebung neuerdings tituliert, und das verständlicherweise nicht nur auf Besuch, sondern möglichst auf Dauer.

Einen kleinen Schönheitsfehler hat „das andere Paradies" aber doch, und vielleicht heißt es deshalb „das andere" – man muß dort auch arbeiten. Das tun die Deidesheimer ebenso fleißig wie andere Leute. Viele fahren täglich an ihre Arbeitsplätze nach Neustadt, nach Mannheim, vor allem aber nach Ludwigshafen, wo die BASF der Hauptarbeitgeber ist. In neuerer Zeit übertrifft aber die Zahl der Arbeitsplätze am Ort die der Auspendler, obwohl von Industrie nichts zu sehen ist. Es gibt keine Großunternehmen, dafür viel mittelständisches Gewerbe. Ein großer Teil der Arbeitsplätze findet sich im Bereich Fremdenverkehr, der immerhin einige hundert Personen beschäftigt. Indirekt profitieren vom Fremdenverkehr natürlich auch andere Branchen, wie etwa Antiquitäten-, Kunst- und Schmuckgeschäfte.

Fremde waren in Deidesheim schon immer willkommen. Sie wurden von jeher freundlich aufgenommen und nicht selten auch zu Deidesheimern gemacht. Die meisten Einheimischen identifizieren sich mit ihrem Gemeinwesen und sind stolz darauf. Diesen Stolz lassen sie durchaus erkennen. Aber sie brauchen dazu nicht immer Zuschauer.

Ein wichtiges Aktionsfeld und zugleich eine Nische heimischer Geselligkeit sind die Deidesheimer Vereine. Ihre Bedeutung kann gar nicht hoch genug veranschlagt werden, zumal die meisten Deidesheimer mehreren Vereinen angehören. Die Vereine in ihrer Gesamtheit bewirken ungeheuer viel auf gesellschaftlichem, kulturellem, sportlichem und sozialem Gebiet. Ohne ihren ehrenamtlichen Einsatz wäre manches in Deidesheim nicht möglich. Bei ihren geselligen Veranstaltungen kann sich die pfälzische Lebensfreude so richtig entfalten, sei es bei den Theaterabenden des „Liederkranz" mit den immer neuen Mundartstücken von Werner Leim, den Fastnachtsabenden in der Turn- und Sportgemeinde, den gemütlichen Zusammenkünften der Kolpingfamilie oder anderer Vereine.

Was hier Bemerkenswertes über Deidesheim gesagt werden kann, ist nicht von heute auf morgen entstanden. Vieles davon hat eine lange Entwicklungsgeschichte. Das wird anhand einiger Traditionslinien über die letzten 150 Jahre hinweg in diesem Buch verdeutlicht. Am positiven Erscheinungsbild der Stadt haben viele Generationen gewirkt. Auch die heutige steht in dieser Entwicklung. Sie trägt Überkommenes weiter, versucht Neues und bindet Tradition und Fortschritt zusammen. Nur so bleibt ein Gemeinwesen lebendig. Das möchte man Deidesheim auch für die Zukunft wünschen.

Anmerkungen

1 Wilhelm Heinrich Riehl: Die Pfälzer. Ein rheinisches Volksbild. 4. Aufl. Stuttgart und Berlin 1925, S. 246
2 Romantik und Restauration. Architektur in Bayern zur Zeit Ludwigs I. 1825–1848. München 1987, S. 304
3 Joachim Kermann: Wirtschaftliche und soziale Probleme im Rheinkreis (Pfalz) an der Schwelle des Industriezeitalters. In: Rhein-Neckar-Raum an der Schwelle des Industrie-Zeitalters. Mannheim 1984, S. 279–311; hier S. 286
4 Joachim Kermann: Tendenzen der wirtschaftlichen und sozialen Entwicklung in Deidesheim von 1816 bis 1914. In: Deidesheim. Beiträge zur Geschichte und Kultur einer Stadt im Weinland. Sigmaringen 1995, S. 202–267; hier S. 206; Gerhard Martini: Der Landkreis Bad Dürkheim wächst – Einwohnerzahlen in 170 Jahren mehr als verdoppelt. In: Heimatjahrbuch 1988 des Landkreises Bad Dürkheim, S. 102–110; hier S. 106
5 Riehl (wie Anm. 1), S. 26
6 Hierzu und zum Folgenden siehe Kermann (wie Anm. 4), S. 222–224
7 Alfons Effler: „Beweise besserer Gesinnung abzulegen" – Die revolutionäre Bewegung 1848/49 und die Deidesheimer Lehrer. In: Heimat-Jahrbuch 1992 des Landkreises Bad Dürkheim, S. 134–135
8 Stadtarchiv Deidesheim, Akten
9 Berthold Schnabel: Geschichte der protestantischen Kirchengemeinde Deidesheim. Deidesheim 1991
10 Berthold Schnabel: Erinnerungen an die jüdische Gemeinde von Deidesheim. Deidesheimer Heimatblätter. H. 7. 1991
11 Stadtarchiv Deidesheim, Akten
12 Pfarrarchiv Deidesheim Abt. XXV
13 Dies und das Folgende nach Stadtarchiv Deidesheim, Akten
14 Ebenda
15 Hierzu ausführlich Stefan Ph. Wolf: „Kein Kornfeld auf der flachen Hand." Deidesheim in der Weimarer Republik und im „Dritten Reich". In: Deidesheim (wie Anm. 4), S. 276–284
16 Stadtarchiv Deidesheim, Ratsprotokoll
17 Ebenda, Akten
18 Gedenkbuch der Pfarrei Deidesheim
19 NSZ-Rheinfront vom 16. 8. 1937
20 Pfarrarchiv Deidesheim
21 Berthold Schnabel: Das Kriegsende in der heutigen Verbandsgemeinde Deidesheim. Deidesheimer Heimatblätter. H. 14. 1995
22 Berthold Schnabel: Das Ende des Zweiten Weltkrieges in Deidesheim. In: Amtsblatt der Verbandsgemeinde Deidesheim. 6 Folgen vom 28. 3. bis 9. 5. 1980
23 Zur unmittelbaren Nachkriegszeit siehe Hans-Jürgen Wünschel: Deidesheim nach dem Ende der Diktatur 1945–1952. Landau 1994
24 Schnabel (wie Anm. 9)
25 Wein-Chronik von Deidesheim. Hrsg. von Adolf Schaeffer. Deidesheim o. J., S. 11–13
26 Friedrich von Bassermann Jordan: Geschichte des Weinbaus. 2. Aufl., I. Band. Frankfurt a. M. 1923, S. 170–173
27 August Becker: Die Pfalz und die Pfälzer. 3. Aufl. Neustadt a. d. H. 1924, S. 270–273
28 Johann Philipp Bronner: Der Weinbau am Haardtgebirge von Landau bis Worms. Heidelberg 1833, S. 111
29 Richard Utz: Das pfälzische Weinbürgertum. Kultursoziologische Überlegungen zur Entstehung des rheinpfälzischen Qualitätsweinbaus. In: Pfälzer Heimat. Jg. 49 (1998), S. 47–56; Paul Hans Stemmermann: Die badisch-pfälzische Familie Buhl. Biographie einer Familie von Industriepionieren und liberalen Politikern. In: Oberrheinische Studien. Bd. II. Karlsruhe 1973, S. 285–334; Die Weingüter Jordan, v. Bassermann-Jordan in Deidesheim, Forst, Ruppertsberg, Bad Dürkheim, Ungstein. Sonderdruck aus dem „Kaiserwerk der Landwirtschaft". 3. Aufl. Halle a. d. S. 1936

30 Kermann (wie Anm. 4), S. 210–214
31 Unser Lebenslauf. 1891–1991. 100 Jahre Raiffeisenbank Mittelhaardt
32 Winzerverein Deidesheim 1898–1998. 100 Jahre Fortschritt. Deidesheim 1998
33 Stadtarchiv Deidesheim, Landwirtschaftliche Jahresberichte 1899 bis 1912
34 Berthold Schnabel: Die Einweihung des „Andreasbrunnens" am 25. September 1851. In: Amtsblatt der Verbandsgemeinde Deidesheim vom 17. 3. 1978 und Heimatjahrbuch des Landkreises Bad Dürkheim 1983, S. 144–146
35 Alfons Effler: Die Wasserversorgung der Stadt Deidesheim am Ende des 19. Jahrhunderts. Deidesheimer Heimatblätter. H. 15–16. 1996
36 Das Folgende nach Diözesanarchiv Speyer, Pfarrfaszikel Deidesheim XXVII
37 Stadtarchiv Deidesheim, Ratsprotokoll vom 27. 12. 1865
38 Diözesanarchiv Speyer, Pfarrfaszikel Deidesheim XII
39 Stadtarchiv Deidesheim, Akten; Alfons Effler: Die Wohltätigkeitsstiftungen Deidesheimer Bürger im 19. und 20. Jahrhundert. Deidesheimer Heimatblätter. H. 12–13. 1994
40 Hierzu sei ausdrücklich verwiesen auf Berthold Schnabel: Aus der Geschichte des Deidesheimer Spitals. In: Deidesheim (wie Anm. 4), S. 137–161.
41 Effler (wie Anm. 39), S. 11–13
42 Stadtarchiv Deidesheim, Akten; Jahresberichte der Lateinschule zu Deidesheim 1881 bis 1893
43 Pfarrarchiv Deidesheim Abt. XXIV
44 Stadtarchiv Deidesheim, Akten; Cass Buch für den Badeverein Deidesheim
45 Pfarrkirche St. Ulrich Deidesheim. Festschrift zur Altarweihe Sonntag 8. Februar 1987
46 Ludwig Bassermann-Jordan: Der Stadtratssaal zu Deidesheim. In: Pfälzisches Museum. 30. Jg. (1913), S. 61–69
47 Stemmermann (wie Anm. 29), S. 328
48 Kermann (wie Anm. 4), S. 245–251
49 Gustav Wolf: Dr. Julius Siben, Deidesheim (1851–1907). In: Der Pfälzer – Wochenzeitung für christliche Politik und Kultur vom 11. 10. 1957
50 Arnold Siben: Alte Deidesheimer Adelshöfe. Deidesheimer Heimatblätter. H. 10. 1993
51 Friedrich Blaul: Träume und Schäume vom Rhein. In: Reisebilder aus Rheinbayern und den angrenzenden Ländern (1838). Ausg. Kaiserslautern 1923, S. 268
52 Franz Weiss: Die malerische und romantische Rhein-Pfalz. 2. Aufl. Neustadt 1856, S. 64
53 Kulturdenkmäler in Rheinland-Pfalz. Bd. 13. 1. Kreis Bad Dürkheim. Stadt Deidesheim. Worms 1995, S. 138–193
54 Becker (wie Anm. 27), S. X
55 Ebenda S. 269–274
56 Stadtarchiv Deidesheim, Akten
57 Das Manuskript veröffentlichte Berthold Schnabel im Amtsblatt der Verbandsgemeinde Deidesheim in elf Folgen vom 5. 2. bis 4. 6. 1982.
58 Siehe hierzu insbesondere Hans Blinn: Links und rechts der Deutschen Weinstraße. Photographierte Vergangenheit. Bd. I. Landau 1985, S. 5–29 und Günther List (Hrsg.): „Deutsche laßt des Weines Strom sich ins ganze Reich ergießen!" Die Pfälzer und ihre Weinstraße –ein Beitrag zur alternativen Landeskunde. Heidelberg 1985
59 Stadtarchiv Deidesheim, Akten
60 Berthold Schnabel: Deidesheim als Weinpatenkind – Zu den Städten Celle, Kaiserslautern, Merzig und Moers 1936. In: Heimat-Jahrbuch 1996 des Landkreises Bad Dürkheim, S. 168–174
61 Stadtarchiv Deidesheim, Bericht des Bürgermeisteramtes vom 29. 6. 1829
62 Kermann (wie Anm. 4), S. 225–226
63 Das Folgende nach Stadtarchiv Deidesheim, Akten
64 Kurt Baumann: Gustav von Hohe – Regierungspräsident der Reaktionszeit. In: Die Rheinpfalz vom 4. 5. 1956
65 Winzerverein Deidesheim 1898–1998 (wie Anm. 32), S. 13–14
66 Stadtarchiv Deidesheim, Akten Besuch des Reichspräsidenten von Hindenburg in Deidesheim am 19. Juli 1930

67 Neues zum Geißbock kann man nachlesen bei Karl Heinz Himmler, Berthold Schnabel und Paul Tremmel: Dienstag nach Pfingsten. Der Höhepunkt im Leben des Deidesheimer Geißbockes. Neustadt 1982; Berthold Schnabel: Urkundliche Geschichte des Lambrechter Geißbocks von den Anfängen bis 1809. Deidesheimer Heimatblätter. H. 5. 1990; Heinz Schmitt: Fest und Alltag. Ein Beitrag zur Volkskunde von Deidesheim. In: Deidesheim (wie Anm. 4), S. 325–355, hier S. 327–333
68 Riehl (wie Anm. 1), S. 251
69 Stadtarchiv Deidesheim, Akten Jahrmärkte
70 Eine Beschreibung des Deidesheimer Weinkerwe bei Heinz Schmitt. In: Deidesheim (wie Anm. 4), S. 334–337
71 Stadtarchiv Deidesheim, Akten Besuch König Ludwigs I. 1829
72 Neustadt an der Weinstraße. Beiträge zur Geschichte einer pfälzischen Stadt. Neustadt 1975, S. 715
73 Stadtarchiv Deidesheim, Akten Vereine
74 Männergesangverein 1845 Liederkranz Deidesheim. Festschrift zum 125-jährigen Jubiläum. Deidesheim 1970
75 Viele Angaben zur Geschichte des Turnvereins verdanke ich Berthold Schnabel, der mir sein Manuskript zur Festschrift 1999 freundlicherweise vor der Drucklegung zur Einsichtnahme überließ.
76 Kurt Baumann: Pfälzer Turnerei im Wandel eines Jahrhunderts. In: Von Geschichte und Menschen der Pfalz. Speyer 1984, S. 321–332
77 Stadtarchiv Deidesheim, Akten
78 Deidesheimer Turnverein, Protokollbuch 1860–1900
79 Turntag des Pfälzischen Turnerbundes zu Neustadt a. d. H. am 9. Mai 1891. Gau-Bericht nebst Rückblick auf den 30jährigen Bestand des Bundes. Speyer 1891
80 Stadtarchiv Deidesheim, Akten
81 Ebenda
82 Katholischer Kirchenchor Deidesheim 1868–1993. Jubiläums-Festschrift
83 Satzungen für den Verein zur Verpflegung erkrankter Dienstboten zu Deidesheim, abgefaßt und beschlossen unter dem Vorsitze und der Verwaltung des Bürgermeisters und Vorstandes der Hospital-Commission, Jacob Häußling. Neustadt 1857
84 Statuten vom 31. August 1846
85 Deidesheimer Turnverein (wie Anm. 78)
86 Badeverein Deidesheim Protocoll-Buch 1885–1926; Badeverein Deidesheim Cass Buch 1886–1926
87 Verzeichnis der in der Gemeinde Deidesheim bestehenden nicht politischen Vereine (1901–1932)
88 Pfarrarchiv Deidesheim Abt. XXI
89 Gedenkbuch der Pfarrei Deidesheim
90 Protokollbuch des Gesangvereins „Liederkranz" zu Deidesheim Nr. 2
91 Protokollbuch der Turngemeinde Deidesheim
92 Das Folgende nach Verzeichnis der in der Gemeinde Deidesheim bestehenden nicht politischen Vereine, den Akten über Vereine im Stadtarchiv und Unterlagen der Vereine
93 Berthold Schnabel: Die Errichtung des Sportplatzes und des Ehrenmals auf dem Wallberg bei Deidesheim. In: Festschrift 130 Jahre Turn- und Sportgemeinde 1849 e.V. Deidesheim, 16. S. (o. Z.)
94 Protokollbuch des Cäcilien-Vereins Deidesheim; Diözesanarchiv Speyer, Pfarrfaszikel Deidesheim Abt. XII; Pfarrarchiv Deidesheim Abt. XX
95 Protokollbuch des Cäcilienvereins Deidesheim
96 Pfarrarchiv Deidesheim Abt. XX
97 Protokollbuch für den Pfälzerwald-Verein, Ortsgruppe Deidesheim (1921–1964)
98 Protokollbuch des Gesangvereins „Liederkranz" Nr. 3
99 Das Folgende im wesentlichen nach dem Protokollbuch des Pfarrcäcilienvereins
100 Über die Kolpingfamilie und den Katholischen Deutschen Frauenbund nach Protokollbüchern, anderen schriftlichen Unterlagen und mündlichen Berichten
101 Das Folgende vor allem nach den Protokollbüchern 4–6 des Gesangvereins „Liederkranz" und der Festschrift zum 125-jährigen Jubiläum
102 Über die Nachkriegsgeschichte der TSG verschiedene Festschriften, vor allem aber: 150 Jahre TSG Deidesheim. Ein Verein schreibt seine Geschichte. Neustadt 2000

103 Protokollbuch (wie Anm. 97) und einige andere Unterlagen sowie mündliche Auskünfte durch Lothar Thiel
104 Hauptsächlich nach mündlichem Bericht durch Karl Schütz
105 Sammelmappe von Barbara Orth, vermittelt durch Karl-Heinz Forler
106 Mitteilungen von Klaus E. Sticher
107 Stadtarchiv Deidesheim, Akten und verschiedene Festschriften
108 Protokollbuch des Weinbauvereins Deidesheim und mündlicher Bericht von Lothar Thiel